Godwin Wiedeking

Gesamtbanksteuerung in der Finanzmarktkrise:
Neue Herausforderungen an logistische Informationssysteme am Beispiel analytischer Rechenkerne

Diplomica® Verlag GmbH

Wiedeking, Godwin: Gesamtbanksteuerung in der Finanzmarktkrise: Neue Herausforderungen an logistische Informationssysteme am Beispiel analytischer Rechenkerne, Hamburg, Diplomica Verlag GmbH 2010

ISBN: 978-3-8366-8713-3
Druck: Diplomica® Verlag GmbH, Hamburg, 2010

Bibliografische Information der Deutschen Nationalbibliothek:
Die Deutsche Nationalbibliothek verzeichnet diese Publikation in der Deutschen Nationalbibliografie; detaillierte bibliografische Daten sind im Internet über http://dnb.d-nb.de abrufbar.

Die digitale Ausgabe (eBook-Ausgabe) dieses Titels trägt die ISBN 978-3-8366-3713-8 und kann über den Handel oder den Verlag bezogen werden.

Inhaltsverzeichnis

Abbildungsverzeichnis

Tabellenverzeichnis

Abkürzungsverzeichnis

ABS............................ Asset-Backed-Securities

Abs.............................. Absatz

ADWH........................ Avtice Data Warehouse

AEI............................. Active Enterprise Intelligence

AG.............................. Aktiengesellschaft

AHK............................ Anschaffungs- und Herstellungskosten

ARM .... Adjustable Rate Mortgages

AV.............................. Anlagevermögen

AwS .... Anwendungssysteme

BaFin.......................... Bundesagentur für Finanzaufsicht

BAM .... Business Activity Monitoring

BAPI .... Business Application Programming

BI .... Business Intelligence

BilMoG....................... Bilanzrechtsmodernisierungsgesetz

BiRiLiG .... Bilanzrichtliniengesetz

BPM............................ Business Processing Management

bspw........................... beispielsweise

BW .... Business Warehouse

CDO............................ Collateralised Debt Obligations

CDS............................ Consilidated Data Store

CF .... Cash Flow

CI .... Commercial Integrator

CPM............................ Corporate Performance Management

CRM .... Customer Relationship Management

CSC............................ Computer Service Cooperation

DB.............................. Datenbank

DBMS......................... Datenbank-Management-System

DBS............................ Datenbanksystem

DCF............................ Discounted Cash Flow

DIW .... Deutsches Institut für Wirtschaftsforschung

DQM........................... Data Quality Management

XML .... eXtensible markup language

z. B. .... zum Beispiel

1 Einleitung

Die verheerenden Auswirkungen der Finanzmarktkrise sind seit 2007 infolge der Sub-prime-Krise global ersichtlich. Nach dem Zusammenbruch der amerikanischen Invest-mentbank Lehman Brothers folgte eine internationale Kettenreaktion von Zusammen-brüchen von Unternehmen aller Branchen.

Die Stellung der Kreditinstitute wird vor allem in der Bilanzsumme in Höhe von 7.600 Mrd. EUR (Stand: Nov. 2007) deutlich, sie liegt damit bei dem Dreifachen des Brutto-inlandsproduktes (Stand 2007: 2.424 Mrd. EUR).[1] Die Regierungen haben weltweit Bürgschaften für Banken übernommen oder sich direkt an den Banken beteiligt, um die finanzwirtschaftliche Stabilität zu gewährleisten. Diese Politik scheint derzeit vor dem Hintergrund des Systemrisikos (Risiko für das gesamte Bankensystem) alternativlos zu sein.[2] Des Weiteren führen die negativen Effekte aus der Finanzmarktkrise über sog. Multiplikatoreffekte zu einer Abwärtsspirale in der Weltwirtschaft und in 2008 kam es aufgrund der Spillover-Effekte zu einem massiven Verfall der Börsenkurse.[3] Die derzei-tige Finanzkrise ist in der Historie kein einmaliges Phänomen. Frühere Krisen haben wie auch heute Gesetzesänderungen ausgelöst. Die Einführung des Kreditwesengesetzes erfolgte 1934 als Antwort auf die Bankenkrise von 1931. Demnach unterliegen die Kre-ditinstitute einer Erlaubnispflicht und der laufenden Überwachung durch die Gesetzes-hüter, um zukünftige Bankeninsolvenzen zu vermeiden.[4] Jedoch unterscheidet sich die heutige Finanzkrise deutlich von der Asienkrise (1997), der russischen Finanzkrise (1998) und der Krise in Argentinien (2001/2002). Insbesondere geht die aktuelle Krise von den Industrieländern mit entwickelten Finanzsystemen, unabhängigen Zentralban-ken und leistungsfähigen Finanzaufsichten aus.[5] Die britische Northern Rock Bank zeigte 2007 eindrucksvoll, dass durch Liquiditätsverknappung am Geldmarkt die Bank ein Refinanzierungsproblem hatte, was wiederum zu einem Vertrauensverlust der Bank geführt hat. Die Forderungen der Gläubiger gegen die Banken werden sequenziell be-dient nach dem Prinzip First-come-First-serve. Die Folge war ein aus der Fristentrans-

---

1 siehe *Statistisches Bundesamt*, BIP, 2008, S.627.
2 Vgl. *Hausner, Karl Heinz*, Abkühlung, 2009, S.41.
3 Vgl. *Fendel, Ralf/ Frenkel, Michael*, Subprime-Krise, 2009, S.82.
4 Vgl. *Klingelhöfer, Eckart/ Albrecht, Wolfgang*, Adressrisiken, 2009, S.353.
5 Vgl. *Schrooten, Mechthild*, Konsequenzen, 2008, S.513.

formation[6] ausgelöstes Bank Run (Entzug von kurzfristig fälligen Einlagen aus den Geschäftsbanken), da die Forderungsinhaber schnellstmöglich ihre Forderungen anmelden mussten.[7] Spätestens hier in der Vertrauenskrise mussten die Regierungen eingreifen und im Fall der Northern Rock hat dies die britische Regierung auch getan, um das Vertrauen in die Finanzwirtschaft wieder herzustellen.[8]

Der Wettbewerbsdruck ist durch die Globalisierung stetig gewachsen und börsennotierte Unternehmen müssen international vergleichbare Rendite erwirtschaften.[9] Damit Banken für die Zukunft gerüstet sind, hängt maßgeblich von ihrer Momentum-Strategie[10] ab. Die Informationstechnologien (IT) werden von den Lines of Business dringend benötigt, um den neuen Anforderungen gerecht zu werden. Im Gegenzug wird die IT zur Unterstützung bestehender Geschäftsprozesse herangezogen und nimmt die Rolle des Impulsgebers für Rationalisierungen sowie für den Einsatz neuer Technologien ein.[11] Durch die Informations- und Kommunikationstechnik (IuK) sind die Finanzmärkte weltweit transparenter geworden und infolge dessen erfolgte eine stärkere Integration der Weltmärkte.[12] Die Bedeutung der Gesamtbanksteuerung ist erst 1973/74 während der Hochzinsphase und dem Zusammenbruch des Bretton-Woods-Systems in Deutschland gestiegen, da dies die Volatilität an den Finanzmärkten erhöhte und neue Zins- und Wechselkursrisiken mit sich brachte. Die Gesamtbanksteuerung muss immer zugleich unter Rentabilitäts- und Risikogesichtspunkten erfolgen, da sie unterschiedlichen Risiken ausgesetzt ist. Als Instrumente für die Erreichung ihrer Ziele kann sie kompensatorische Eigengeschäfte mit Hilfe der zentralen Struktursteuerung tätigen, um bspw. die Risiken im Kundengeschäft am Geld- oder Kapitalmarkt zu neutralisieren. Dezentral einwirkenden Instrumente helfen bei der Ausgestaltung von Zielvereinbarungen, Richtkonditionen, Limits und Bonus-Malus-Systeme.[13]

---

6 Vgl. *Beck, Hanno, Wienert/ Helmut,* Bankbilanz, 2009, S.252f.; vgl. hierzu auch die Ausführungen von *Büschelberger, Jürgen/ Simler, Wolfgang/ Utz, Eric,* Bedeutung von Basel II, 2009, S.458, wo das Retailbanking von dem Ertrag aus der Fristentransformation in den letzten Jahren maßgeblich profitierte.

7 Vgl. *Wendels-Hartmann, Thomas,* Bankenaufsicht, 2009, S.542.

8 Vgl. *Fendel, Ralf/ Frenkel, Michael,* Subprime-Krise, 2009, S.82.

9 Vgl. *Nitschke, Axel/ Brockmann, Heiner,* Auswirkungen, 2004, S.54.

10 Vgl. *Heinrich, L.J./ Lehner, F.,* Informationsmanagement, 2005, S.98.

11 Vgl. *Wöbking, Friedrich/ Kaske, Burghard-Orgwin,* IT Management, 2006, S.143.

12 Vgl. *Nitschke, Axel/ Brockmann, Heiner,* Auswirkungen, 2004, S.54.

13 Vgl. *Meyer zu Selhausen, Hermann,* Bank, 2000, S.304ff..

Die Bank-IT muss den hohen Anforderungen gerecht werden. Die IT muss steigende Volumina zu sinkenden Stückkosten verarbeiten und gleichzeitig auch die operativen Risiken unter Kontrolle halten. Des Weiteren müssen neue Produkte integriert und zeitnah auf den Markt gebracht werden, ohne die Komplexität der IT-Systeme unverhältnismäßig zu erhöhen. Die zeitnahe Berücksichtigung ergibt sich aus der gestiegenen Kurzlebigkeit der Finanzprodukte. Die IT und die zugehörigen Gesamtbanksteuerungs-Applikation muss standardisiert und eine hohe Skalierung aufweisen bei gleichzeitiger Abbildung neuer Produkte.[14] Die Anzahl der Kreditinstitute in Deutschland reduzierte sich von 13.359 (1957) auf 2.169 (2008).[15] Die zunehmende Konzentration durch Fusionen und Übernahmen auf wenige Institute erzwingt eine Zusammenlegung bzw. Integration verschiedener IT-Systeme, um wettbewerbsfähig zu bleiben. Ein weiteres Augenmerk ist auf den Automatisierungsgrad der IT in Banken zu richten. Dabei stellt sich die Frage, ob Finanzmarktakteure mit hohem Technisierungsgrad unabhängig vom Marktumfeld höhere und stabilere Renditen erzielen können oder dies zu einer Gleichschaltung des Verhaltens und damit zu einer Zyklusverstärkung mit geringeren Renditen führt. Dabei spielt der Industrialisierungsgrad bzw. Standardisierungsgrad eine bedeutende Rolle in Banken, da moderne Systeme in der Risiko- und Ertragssteuerung ganz oder teilweise menschliche Dispositionsaufgaben ersetzen. Eine risikoadjustierte Gesamtbanksteuerung gilt als Königsdisziplin und sollte aufgrund ihrer Leistungsfähigkeit auch zugeschaltet werden.[16]

Die nachfolgende Abbildung 1 zeigt die Verbreitung des IT-Einsatzes über mehrere Dekaden. Von 1960 bis 2009 zeigte sich eine enorme Entwicklung der Informationsverarbeitung, welche in fünf Phasen eingeteilt ist, die besonders stark durch die Weiterentwicklung der web-basierten Technik in den 90er Jahren gefördert wurde. Aktuell befinden wir uns in der Phase fünf, in der web-basierte Informationsverarbeitung mit leistungsfähigem Data Warehousing (DWH) eine große Rolle spielt.

---

14 Vgl. *Lamberti, Hermann-Josef*, Deutsche Bank, 2008, S.22.
15 Vgl. *Deutsche Bundesbank*, Bankenstatistik, 2009, S.104.
16 Vgl. *Krotsch, Steffen/ Riese, Cornelius/ Thießen, Friedrich*, Systeme, 2007, S.1150f..

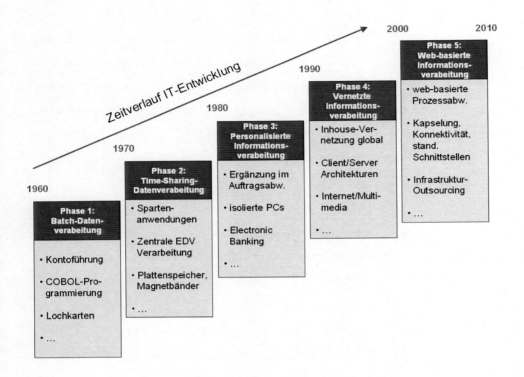

Abbildung 1: Entwicklung der IT[17]

Diese Arbeit beschreibt die aktuelle Finanzmarktkrise und die sich daraus ergebenden neuen Anforderungen an die bestehende IT-Architektur im Bereich des Bank-Rechnungswesens. Die komplexen IT-Anforderungen werden analysiert und im Hinblick auf die IFRS/Basel II-Rechenkerne der Gesamtbanksteuerung genauer spezifiziert. Ein Vergleich zwischen fünf ausgewählten Softwareanbietern im Bereich der Gesamtbanksteuerung soll die Leistungsfähigkeit der Produkte bezüglich der Umsetzung neuer Anforderungen und Regularien kritisch analysieren und beurteilen. Mit Hilfe der durchgeführten Delphi-Studie sollen aktuelle sowie zusätzliche Schwachstellen der aktuellen IT-Banksysteme und der verwendeten Applikationen lokalisiert, Verbesserungsvorschläge definiert sowie IT-Trends aufgespürt werden. Die Bank-IT soll „State-of-the-Art" im Bereich ihrer Rechenkern-Leistung sein.

Zu Beginn der Untersuchung in Kapitel zwei werden die Grundelemente des Rechnungswesens erläutert. Dabei wird näher auf das Basel II – Regelwerk eingegangen, da

---

17 Quelle: in Anlehnung an *Moormann, Jürgen/ Schmidt, Günter*, Finanzbranche, 2007, S.16.

sie einen maßgeblichen Einfluss auf die Bankenaufsicht und das erforderliche IT-System ausüben. Im Anschluss daran wird in Kapitel drei die aktuelle Finanzmarktkrise näher analysiert. Dabei wird zunächst die amerikanische Subprime-Krise als Ursache für die aktuelle Krise beschrieben und die sich daraus entwickelnde weltweite Finanzmarktkrise untersucht. Im Anschluss werden die Bedeutung der Transparenz in der Informationslogistik sowie die Rolle der Finanzintermediäre eingehender im Hinblick auf Verbesserungspotenziale analysiert. In Kapitel vier werden Anforderungen an die derzeitig gültigen Bilanzierungs- und Bewertungsvorschriften, die Informationslogistik sowie an den IT-Systemen untersucht, um die Komplexität der Finanzmarktkrise zu beherrschen. Ein IT-System ist nur dann wirkungsvoll wenn, wie in Kapitel fünf beschrieben, die geeignete Finanzsoftware in der Gesamtbanksteuerung zum Einsatz kommt. Dabei werden insbesondere die Kosten von Standard- und Individuallösungen gegenübergestellt und die Funktionsweise der analytischen Applikationen exemplarisch am Beispiel des SAP Bank Analyzers erläutert. Die aus Kapitel fünf resultierenden Ergebnisse werden im Hinblick auf das Kosten-Nutzen-Verhältnis sowie auf ihre Effizienz kritisch gewürdigt. Die Ergebnisse aus der theoretischen Behandlung des Themas werden mit Hilfe einer entsprechenden Experten-Befragung durch eine Delphi-Studie in Kapitel sechs untermauert. Die Zusammenfassung der Einzelergebnisse erfolgt in Kapitel sieben und im Anschluss daran werden zukünftige Entwicklungen auf dem Bankensektor aufgezeigt.

2 Grundlagen des Rechnungswesens

Die wesentlichsten Bausteine des Rechnungswesens sind die internen und externen Berichterstattungen, um alle Adressaten des Unternehmens und ihrer externen Umwelt in die Geschäftstätigkeit einzubeziehen. In den folgenden Abschnitten werden die einzelnen Bestandteile des Rechnungswesens einschließlich der Bilanzierungs- und Bewertungsmethoden näher erläutert. Im Anschluss daran wird das Basel II-Regelwerk vorgestellt, welches eng mit der Kapitalstruktur des Unternehmens verknüpft ist.

2.1 Die interne und externe Berichterstattung im Rechnungswesen

Die Unternehmensrechnung befasst sich mit der Konzeption und den Einsatzbedingungen von Informationssystemen.[18]

Allgemein kann die Unternehmensrechnung in die interne und externe Unternehmensrechnung unterteilt werden. Die Adressaten der *externen Unternehmensrechnung* sind Investoren, Gläubiger, Kunden, Lieferanten, Wettbewerber und die Öffentlichkeit. Der Einzel- oder Konzernabschluss sind integrale Bestandteile des externen Rechnungswesens, die gem. § 264 Abs.2 HGB das tatsächliche Vermögensbild abbilden sollen. Die Bestandteile eines Abschlusses sind die Bilanz, Gewinn- und Verlustrechnung (GuV), Kapitalflussrechnung sowie ein Anhang mit detaillierten Erläuterungen zu den Bilanzierungs- und Bewertungsmethoden. Ein Lagebericht muss ebenso erstellt werden mit Informationen über den Geschäftsverlauf sowie über die zukünftige wirtschaftliche Lage des Unternehmens. Des Weiteren müssen börsennotierte Unternehmen unterjährige Jahresabschlüsse (z. B. Zwischenberichterstattung und Ad-hoc Veröffentlichungen) aufstellen. Neben den gesetzlichen Pflichten zur Publizität können auch freiwillige Zusatzinformationen (wie z. B. Pro-Forma-Ergebnisse) vom Unternehmen publiziert werden. Die Verwendungen der Informationen können zum einen zur Bereitstellung entscheidungsnützlicher Informationen (decision usefulness) und zum anderen für die Anspruchsbemessung und Vertragsgestaltung dienen. In einem Abschluss werden überwiegend überprüfbare Sachverhalte einbezogen, die meist vergangenheitsorientiert sind. Des Weiteren müssen die Informationen der Relevanzanforderung entsprechen, d. h. aus den Informationen müssen Prognosen ableitbar sein. Gesetzliche Regeln sind im Normalfall durch das Unternehmen nicht veränderbar. Im Sinne der Anspruchsbemessung (z. B. für Dividendenzahlungen) wird direkt auf Daten der Rechnungslegung zurückgegriffen und im Rahmen der Bilanzpolitik zugunsten des Unternehmens eingesetzt, um z. B. steuerliche Auswirkungen zu optimieren. Die Informationen aus der externen Rechnungslegung können auch für interne Zwecke herangezogen werden.[19]

---

18 Vgl. *Krcmar, Helmut*, Informationsmanagement, 2005, S.25: Bei einem IS handelt es sich um soziotechnische Systeme, die menschliche und maschinelle Komponenten (Teilsysteme) umfassen und zum Ziel der optimalen Bereitstellung von Information und Kommunikation nach wirtschaftlichen Kriterien eingesetzt werden.

19 Vgl. *Wagenhofer Alfred/ Ewert, Ralf,* Externe, 2007, S.3ff..

Die *interne Unternehmensrechnung* umfasst alle Informationssysteme, die für unternehmensinterne Benutzer gestaltet wurden. Dabei erfüllt sie ihre Aufgaben bestmöglich i. S. d. Unternehmensleitung. Die Berichterstattungen sind frei von gesetzlichen und sonstigen Vorschriften, jedoch sind auch hier Interessenkonflikte auf der Ebene der Entscheidungsträger vorzufinden. Die Hauptfunktionen der internen Unternehmensrechnung ist die Entscheidungs- und Verhaltenssteuerungsfunktion. Als Informationsinstrument für Entscheidungen dient sie dem Management für unterschiedliche Zielsetzungen wie z. B. für die Preisgestaltung oder Beschaffungspolitik. Zur Unterstützung von Entscheidungen wird die Verhaltenssteuerungsfunktion eingesetzt. Dabei steht vor allem die Beeinflussung auf fremde Entscheidungen im Vordergrund. Durch die interne Unternehmensrechnung wird eine Ergebniskontrolle erst in einem Unternehmen möglich. Kontrollrechnungen dienen dem Vergleich zwischen den Planwerten und Istwerten. Kennzeichnend für die internen Informationssysteme der Rechnungslegung ist der Bezug zu monetären Größen.[20]

Kreditinstitute müssen infolge der Harmoniebestrebungen die Datenmanagementprozesse aufeinander abstimmen. Die Effekte daraus sind die Vermeidung eines Information-Overloads aus Sicht der Adressaten, Senkung der Reporting-Kosten (Compliance-Cost) sowie die Erhöhung der Transparenz. Die Harmonisierung bzw. die Integration ermöglichen auch Chancen, die vorhandenen Prozesse neu zu ordnen und die Abschluss- und Reportingprozesse deutlich zu verkürzen. Bei diesem Umstellungsprozess werden IT-Insellösungen aufgelöst zugunsten eines integrierten Steuerungssystems.[21]

2.2 Vergleichende Analyse von IFRS/IAS und HGB als Grundlage für die Bilanzierung und Bewertung von Jahresabschlüssen

Abschlüsse nach IFRS (International Financial Reporting Standards) geben der Relevanz Vorzug vor der Verlässlichkeit. Diese Relevanz drückt sich aus in z. B. der stärkeren Verwendung des beizulegenden Wertes, die erfolgswirksame Erfassung von realisierbaren Gewinnen und das gemilderte Vorsichtsprinzip. Dadurch ergeben sich erhebliche Ermessensspielräume für eine manipulative Bilanzpolitik. Die Abschlüsse nach

---

20 Vgl. *Wagenhofer Alfred/ Ewert, Ralf,* Interne, 2008, S.3ff..
21 Vgl. *Herrmann, Michael/ Gabriel, Jens,* Harmonisierung, 2006, S.53f..

IFRS dienen gem. IAS 1 für allgemeine Zwecke, die dem Adressaten entscheidungs-
nützliche Informationen über Vermögen und Schulden des Unternehmens zur Verfügung zu stellen (IAS 1.7). Dabei gilt IAS 1.15 in gewisser Weise als Generalnorm (fair
presentation), um ein realistisches Bild über das Unternehmen dem Investor zu vermit-
teln. Bei der Erstellung eines IFRS-Abschlusses sind alle gültigen IAS, IFRS, SIC sowie IFRIC-Interpretationen anzuwenden und ggf. durch intern geeignete Bilanzierungs-
oder Bewertungsmethoden nach Vorgabe der Entscheidungsnützlichkeit zu ergänzen.
Im Gegensatz dazu definiert das HGB nicht explizit die Bilanzierungsfähigkeit, sondern
zieht die selbständige Verwertbarkeit und die bilanzielle Greifbarkeit als Aktivierungs-
kriterien heran. Die Bilanzierungsfähigkeit eines Gegenstandes nach IFRS ist abhängig
von zwei nachfolgenden Anforderungen. Sind diese erfüllt, dann besteht gleichzeitig die
Bilanzierungspflicht.[22]

1. Der Gegenstand (Vermögenswert, Schuld, Eigenkapital, Ertrag, Aufwand) betrifft einen Abschlussposten gem. dem IASB-Rahmenkonzept.

2. Es ist wahrscheinlich, dass ein künftiger wirtschaftlicher Nutzen dem Unternehmen zu- oder abfließen wird sowie die Anschaffungs- oder Herstellkosten
   (AHK) bzw. der Wert des Sachverhalts verlässlich ermittelt werden kann.

Der veröffentlichte Jahresabschluss basiert grds. auf den jeweiligen nationalen Rechnungslegungsvorschriften. Ausländische Aufsichtsbehörden akzeptieren nicht zwangsläufig die nationalen Abschlüsse und damit wird der Zutritt auf den ausländischen Kapitalmarkt erschwert. Die SEC lehnt z. B. die deutschen HGB-Abschlüsse ab, steht jedoch
seit kurzem den IFRS-Abschlüssen wohlgesonnen gegenüber. Durch die Vorlage von
IFRS-Abschlüssen wird die Gefahr der Fehlinterpretation durch ausländische Investoren
vermieden. Seit dem 01.01.2005 müssen alle dt. kapitalmarktorientierten Mutterunter-
nehmen die IFRS-Anwendung in ihren Abschlüssen gewährleisten. Die wesentlichste
Unterscheidung zwischen HGB und IFRS ist, dass im Ergebnis das HGB die Aufgabe
der Ermittlung eines ausschüttungsfähigen Gewinns hat vor der Vermittlung eines den
tatsächlichen Verhältnissen entsprechenden Bildes der wirtschaftlichen Lage (General-

---

22 Vgl. *Wagenhofer Alfred,* Internationale RL, 2009, S.141ff..

norm gem. § 264 Abs. 2 HGB). Die oberste Zielsetzung nach dem IASB ist ausschließlich die Vermittlung entscheidungsrelevanter Informationen für die Adressaten.[23]

Nachfolgend wird eine tabellarische Kurzübersicht (s. Tabelle 1) über den Vergleich zwischen IFRS und HGB vorgestellt. Das BilMoG ist eine der größten Reformierungen des bestehenden Handelsrechts (HGB) und versucht, in einigen Teilen eine Annäherung an den IFRS zu ermöglichen. Eine vollständige Abschaffung von HGB ist nicht vorgesehen, da nationale Interessen in der Handelspolitik immer eine Rolle spielen werden. Insbesondere muss die Ausschüttungsbemessungsfunktion aus deutscher Sicht geprüft werden, da der Fair Value-Ansatz (FVA) nach IFRS eine höhere Ausschüttung von nicht vorhandenen Gewinnen zur Folge hat und deutsche Unternehmen mitunter in Zahlungsschwierigkeiten bringen können.

| Annäherung → BilMoG ← Angleichung | |
IFRS	HGB
investororientiert, daher weitgehende Berichterstattung	Gläubigerschutzorientiert, daher starker Bezug zum Vorsichtsprinzip
Relevanz eher vor Verlässlichkeit	Verlässlichkeit eher vor Relevanz, Informationen vor allem durch zusätzliche Angaben
Wesentlichkeit grds. von Bedeutung	Wesentlichkeit nur in speziellen Bereichen
Keine Berücksichtigung von Anspruchsbemessungsfunktionen des Abschlusses	Starke Berücksichtigung der Anspruchsbemessungsfunktion des Einzelabschlusses (z. B. Steuern, Ausschüttungen)
Keine Regelung der institutionellen Einbettung von Abschlüssen	Regelung von institutionellen Belangen (z. B. Abschlussprüfung, Fristen)

Tabelle 1: Übersicht IFRS und HGB[24]

Im IFRS ist eine Tendenz hin zur vermehrten Zeitwertbetrachtung erkennbar. Vor allem begann der Zeitwerttrend bei den derivativen Finanzinstrumenten (IAS 39), in abgeschwächter Form auch bei originären Finanzinstrumenten sowie für die als Finanzinves-

---

23 Vgl. *Bieg, Hartmut/ Kussmaul, Heinz*, Externes, 2009, S.438ff..
24 Quelle: in Anlehnung an *Wagenhofer Alfred,* Internationale RL, 2009, S.129.

tition gehaltenen Immobilien (IAS 40). Die Begründung für ihre Anwendung war, dass die Anschaffungskosten (AK) für das ihnen eigene Risiko von Wertschwankungen praktisch ohne Aussage sind und der FVA informativer ist, obwohl er nur zum Abschlussstichtag ermittelt wird und nicht die Veränderungen oder Volatilität aufzeigt. Zeitwerte spiegeln aktuelle und zeitnahe Informationen wieder und ermöglichen die bessere Abschätzung der zukünftigen Cashflows (CF) einer Investition bei den Investoren. Weitere Vor- und Nachteile des FVA können aus der nachfolgenden Tabelle 2 entnommen werden. Die in der Finanzmarkkrise diskutierten Punkte „aktive Märkte" und „prozyklische Wirkung" stehen auf dem Prüfstand der IFRS.[25]

Zeitwertbetrachtung nach IFRS	
Vorteile	**Nachteile**
nützliche Informationen in aktiven Märkten	Existenz einer buchmäßigen Volatilität, da Investoren ein hohes Risiko darin vermuten
Eliminierung Stiller Reserven durch marktkonforme Bewertung (Unterbewertung von VG und Überbewertung von Schulden)	bilanzielle Überschuldung möglich mit Wirkung auf die Aussagekraft von Kapitalstrukturkennzahlen
Anhangsangaben erforderlich nach IFRS 7	Inaktive Märkte führen zu subjektiven Bewertungsmodellen
erfolgswirksame Erfassung in der Periode i. H. auf die Vermögenslage und des Ertragspotenzials	Problematisch bei der Abschlussprüfung wegen nicht beobachtbarer Marktpreise
Vorrang der Bilanz vor der GuV und damit die Berücksichtigung zukünftiger Cashflows und Potenziale	Fehlende Verlässlichkeit durch Spielräume
Verbesserter Unternehmensvergleich	
prozyklische Wirkung auf die Ergebnisse	
Erhöhung EK von Kreditinstituten, welches als Risikopuffer herangezogen werden kann	

Tabelle 2: Vor- und Nachteile des Zeitwertansatzes (Fair Value)[26]

Die Verwerfungen auf den Finanzmärkten haben Forderungen nach kurzfristiger Änderung der Bilanzierungsvorschriften hervorgebracht. Jedoch würde ein Aussetzen der Vorschriften die aktuelle Lage zusätzlich noch verschleiern. Klar ist, dass der FV nach

---

25 Vgl. *Wagenhofer Alfred,* Internationale RL, 2009, S.579ff..
26 Quelle: in Anlehnung an *Wagenhofer Alfred,* Internationale RL, 2009, S.583ff..

IFRS[27] mit zur Finanzmarktkrise beigetragen haben,[28] da sie weit über die AK hinaus Bewertungen ermöglicht haben. Das Beispiel des Untergangs des amerikanischen Unternehmens Enron (2001) zeigt, dass der faire Wert nicht immer korrekt ermittelt wurde. Nach dem dt. Handelsrecht ist das Vorsichtsprinzip[29] das oberste Gebot, welches zu beachten gilt. Der FV im IFRS[30] erlaubt die Zuschreibung über die AHK hinaus und führt somit zu einer Vereinnahmung von künftig zu erwartenden Gewinnen im Vorfeld. Tritt eine Wertminderung ein, so müssen die Zuschreibung entsprechend wieder rückgängig gemacht werden. Im HGB dürfen die Zuschreibungen aufgrund des Imparitätsprinzips[31] nicht die AHK übersteigen. Beide Vorschriften (IFRS und HGB) führen zum deckungsgleichen Saldo im Zeitablauf. Die Kritik über die notwendige Abschreibung ist ungerechtfertigt, da die betroffenen Banken in den Jahren zuvor die Zuschreibungsgewinne ebenso klaglos vereinnahmt haben. Die Diskussion sollte vielmehr das Überdenken des FV-Ansatzes nach IFRS fördern und der Ausweis von Scheingewinnen entsprechend unterbunden werden. Im Rahmen des Bilanzrechtsmodernisierungsgesetz (BilMoG) wird auch über die FV-Werte der Handelsbestände diskutiert, welcher aber erst bei klarer und abgegrenzter Definition anwendbar ist.[32] Die Risikovorsorge nach Basel II unterscheidet sich ebenso von der Risikovorsorge nach IFRS. Nach Basel II ist der erwartete Verlust bei Forderungen zu bestimmen, welche wiederum nach IAS 39.59 unzulässig ist, da mögliche zukünftige Probleme explizit ausgeschlossen werden.[33]

2.3   Zukünftige Bilanzierungsanforderungen: HGB vs. BilMoG

Nach der letzten großen Bilanzrechtsreform 1985 (BiRiLiG/Bilanzrichtliniengesetz) liegt der Fokus beim BilMoG nicht beim Formalaufbau des Jahresabschlusses, sondern bei den materiellen Ansatz- und Bewertungsvorschriften. Dabei ist mit erheblichen Konsequenzen für den Eigenkapital- und Ergebnisausweis zu rechnen und damit auch

---

27 Vgl. hierzu auch die Ausführungen von *Bieg, Hartmut/ Kussmaul, Heinz*, Externes, 2009, S.421f..

28 Vgl. *Wagenhofer Alfred*, Internationale RL, 2009, S.174.

29 Nach § 252 Abs. 1 Nr. 4 HGB sind Vermögensgegenstände und Schulden vorsichtig und unter Berücksichtigung aller vorhersehbaren Risiken und Verluste zu bewerten.

30 Vgl. *Wagenhofer Alfred*, Internationale RL, 2009, S.170ff..

31 Nach § 252 Abs. 1 Nr. 4 HGB sind drohende, aber noch unrealisierte Verluste im Jahresabschluss zu berücksichtigen, Gewinne dagegen dürfen erst dann ausgewiesen werden, wenn sie realisiert worden sind.

32 Vgl. *Gschrey, Erhard*, Bilanzierungsvorschriften, 2008, S.12f..

33 Vgl. *Erben, Roland F.*, Behandlung, 2008, S.285.

für das Rating.[34] Die Einführung des BilMoG wurde durch die Notwendigkeit einer modernen Bilanzierungsgrundlage evident. Zum einen soll sie das aktuelle HGB-Bilanzrecht als vollwertige, jedoch einfachere und kostengünstigere Alternative zum IFRS weiterentwickeln ohne die Ausschüttungs- und Steuerbemessungsfunktion aufzugeben und zum anderen werden kleinere Unternehmen bzw. Einzelkaufleute durch die Deregulierung der handelsrechtlichen Buchführungs- und Bilanzierungspflichten entlastet. Ergänzend wurden die Schwellenwerte für die Rechtspflichten der Unternehmen nach dem HGB angehoben.[35]

Im Bereich der Ansatzstetigkeit erläutert der §252 Abs. 1 Nr. 6 HGB den Grundsatz der Bewertungsstetigkeit, der im Zuge des BilMoG gem. § 246 Abs. 3 HGB-E ergänzt wird. Hierbei schreibt die BilMoG explizit vor, dass die Ansatzmethoden des Vorjahres beibehalten werden soll und eine Abweichung nur in begründeten Ausnahmen möglich ist. Steuerrechtlich führt die Änderung zu keinen Konsequenzen, da die handelsrechtliche Ansatzwahlrechte steuerlich ohne Bedeutung sind gem. § 5 Abs. 1 EStG-E. Das Bil-MoG hält des weiteren an den kodifizierten Verrechnungsverbot gem. §246 Abs. 2 Satz 1 HGB im Sinne der Klarheit und Vollständigkeit fest, jedoch wurde ein weiterer Ausnahmetatbestand hinzugefügt gem. § 246 Abs. 2 Satz 2 HGB-E. Vermögensgegenstände, die dem Zugriff der Gläubiger entzogen sind sowie zur vollständigen der Erfüllung von Schulden aus Altersvorsorgungsverpflichtungen dienen (gegenüber Arbeitnehmern eingegangen wurden), müssen künftig mit den korrespondierenden Schulden saldiert werden und dürfen nicht mehr auf der Aktivseite ausgewiesen werden. Ebenso gilt diese Regelung für alle Aufwendungen und Erträge mit gleichem Tatsachenbestand. Die Auflockerung des Verrechnungsverbots durch das BilMoG deutet auf die Annäherung an den IFRS hin, die bereits vergleichbare Regelungen in IAS 19 manifestiert hat. Steuerlich wird es gem. § 5 Abs. 1a EStG zu keinen steuerlichen Auswirkungen kommen. BilMoG sieht die Bildung von Bewertungseinheiten gem. § 254 HGB-E vor (Grundsätze ordnungsgemäßer Bilanzierung). Die Absicht des Gesetzgebers ist, die aus einem Grundgeschäft (Vermögensgegenstände, Schulden, schwebende Geschäfte, Transaktionen) erwachsenden Risiken mit Hilfe von Sicherungsgeschäften (nur Finanzinstrumenten) zu egalisieren. Im Falle der Bildung einer Bewertungseinheit werden etwaige nicht

---

34 Vgl. *Göllert, Kurt*, Bilanzrechtsreform, 2008, S.46ff..
35 Vgl. *Deloitte*, praxis-forum, 2009, S.1.

realisierte Verluste nicht beachtet, wenn diese in gleicher Höhe durch nicht realisierte Gewinne aus anderen Geschäften kompensiert werden und damit das Eintrittsrisiko faktisch ausgeschlossen wurde. Dieses Novum führt folglich zur Einschränkung des Einzelbewertungsgrundsatzes, des Imparitäts- und Realisationsprinzips[36] sowie bei den Währungsumrechnungen. Der Gesetzgeber weist darauf hin, dass die gebildeten Bewertungseinheiten nur der Risikosicherung dienen dürfen und keinesfalls für die Steuerung des Jahresergebnisses. Eine Auflösung der gebildeten Bewertungseinheiten erfolgt nur in Ausnahmefällen. Die Bildung von Bewertungseinheiten haben laut Gesetzesbegründung keine steuerlichen Auswirkungen. Der Grundsatz der Maßgeblichkeit gem. § 5 Abs. 1 Satz 1 EStG erlaubt die Übernahme von Werten aus der Handelsbilanz in die Steuerbilanz. Die umgekehrte Maßgeblichkeit nach § 5 Abs. 1 Satz 2 EStG erlaubt, dass steuerliche Wahlrechte grds. in Übereinstimmung mit der Handelsbilanz angewendet werden kann. Das BilMoG sieht die Abschaffung der umgekehrten Maßgeblichkeit vor, so dass künftig die Ausübung steuerlicher Wahlrechte nicht mehr in der Handelsbilanz ihren Niederschlag finden dürfen (gem. § 5 Abs. 1 Satz 1 EStG-E). Im gleichen Zug wurden eine Reihe an betreffenden Öffnungsklauseln nach §§247, 254, 273, 279, 280, 281 und 285 HGB aufgehoben. Der Zweck der Abschaffung ist die Stärkung des Informationsgehalts in der Handelbilanz.[37] Der Gesetzgeber hat mit dem BilMoG eine Reihe an Änderungen in der Bilanzierungsfähigkeit, Bilanzgliederung und Bewertungsvorgaben von Aktivposten verabschiedet.[38] Bei der FV-Methode ergibt sich ein Vergleichs- und Korrekturwertansatz. Durch das BilMoG wird der FV als neuer Bewertungsmaßstab in das HGB integriert werden. Damit können VG über die historischen AK bewertet werden, was wiederum eine erfolgswirksame Gewinnrealisierung zur Folge hat. Der FV entspricht nicht dem kodifizierten Realisationsprinzip im HGB und führt zu einer Ausschüttung und Besteuerung unrealisierter Gewinne. Nach der erfolgswirksamen Zuschreibung der VG würde im Falle eines späteren Rückgangs der Periodenaufwand wesentlich höher ausfallen als bei einem Verzicht der Zuschreibung nach dem Realisationsprinzip. Die FV-Bewertung gilt für zu Handelszwecken erworbenen Finanzinstru-

---

36 Nach § 252 Abs. 1 Nr. 5 HGB sind Ausgaben für zukünftige Umsätze auf die entsprechenden Geschäftsjahre aufzuteilen und die Einnahmen künftiger Geschäftsjahre zu aktivieren.

37 Vgl. *Bieg, Hartmut/ Kussmaul, Heinz*, Externes, 2009, S.48ff..

38 Einen synoptischen Überblick über das BilMoG im Vergleich zum HGB gibt *Zülch, Henning/ Hoffmann, Sebastian*, Modernisierung, 2009, S.746ff..

menten gem. § 253 Abs. 1 Satz 2 HGB-E. Der Wert muss durch einen aktiven Markt verifiziert sein oder im Falle eines inaktiven Marktes müssen andere anerkannte Bewertungsmethoden (u. a. Börse, Branchengruppe, Aufsichtsbehörden) herangezogen werden.[39]

2.4 Die Entwicklung von Basel I zu Basel II

1988 wurde im Rahmen von Basel I durch den Grundsatz I die Regeln für die internationalen Eigenkapitalanforderungen in nationales Recht umgesetzt. Aufgrund der dynamischen Entwicklung der Finanzmärkte verloren diese festgelegten Regelungen an Relevanz und wurden durch eine erneute Reform unter dem Begriff Basel II überarbeitet. Der wesentlichste Grund für die Reform waren die nicht ausreichend differenzierten Eigenkapitalanforderungen bei Adressrisiken wie z. B. auf Seite der Kreditnehmer. Zudem führte die Kalkulation der Kreditkosten nach durchschnittlicher Kreditqualität zur Adversen Selection[40]. Kreditnehmer mit guter Bonität wechseln zu anderen Kapitalgebern wegen den verbesserten Konditionen während stärker risikobehaftete Kreditnehmer bei den alten Kapitalgebern bleiben müssen. Ein weiterer Grund für die Reformierung waren die ständig neu entwickelten Finanzinstrumente sowie Methoden zur Risikosteuerung, die bisher nicht ausreichend berücksichtigt wurden. Die Folge war, dass weder Anreize zur Risikominderung noch die Herabsetzung der Eigenkapitalanforderungen bei geeigneter Besicherung seitens der Finanzbranche existierten. Des Weiteren wurden in Basel I vor allem Adress- und Marktrisiken in die internen Berechnungen für die Eigenkapitalunterlegung einbezogen, während betriebliche Risiken nicht explizit berücksichtigt wurden.[41] Basel II wurde Mitte 2004 offiziell verabschiedet. Sie bildet die Grundlage der Mindestkapitalanforderungen für Finanzdienstleister und wird mit höchster Priorität von der Branche behandelt. Die Regelungen wurden eingeführt als Reaktion auf das rapide Wachstum der internationalen Finanzmärkte in den letzten Jahren sowie als Reaktion auf die Fehlallokationen des aufsichtsrechtlichen Kapitals. Zwecke der Regelung ist die Sicherstellung der angemessenen Verwendung des Eigenkapitals und die Verbesserung der Risikosteuerung. Basel II soll dazu beitragen, dass das

---

39 Vgl. *Bieg, Hartmut/ Kussmaul, Heinz*, Externes, 2009, S.93ff..

40 Anm. d. Verf.: Adverse Selection ist ein Prozess, in dem auf einen Markt aufgrund von Informationsasymmetrien zu suboptimalen Ergebnissen kommen kann.

41 Vgl. *Klingelhöfer, Eckart/ Albrecht, Wolfgang*, Adressrisiken, 2009, S.353.

Bankensystem sicherer, stabiler und effizienter gestaltet wird. Die wichtigsten Aufgaben der Finanzintermediäre ist der professionelle Umgang mit Kredit- und Marktrisiken sowie den operationellen und sonstigen Risiken. Die Vorgabe von Basel II ist, dass Banken über eine ausreichende Eigenkapitalausstattung verfügen müssen, die ihrer eingegangenen Risikosituation entspricht. Des Weiteren müssen Kreditinstitute eine angemessene Risikosteuerung durchführen und die eingegangenen Risiken rechtfertigen.[42]

Basel II wird zukünftig prinzipienorientiert statt regelorientiert getrieben sein, um die gesamte Risikolage einschätzen zu können.[43] Prinzipienorientiert heißt, dass die Marktteilnehmer auf die Einhaltung von bestimmten Prinzipien bei den Geschäften achten müssen, die von der Aufsicht vorgegeben und auch streng kontrolliert werden. Zu viele Regeln würden den Marktteilnehmer eingrenzen und zu suboptimalen Ergebnissen in den Geschäften führen. Die Säule I von Basel II ist stark regelorientiert durch die genaue Vorgabe der EK-Unterlegung im Gegensatz zu den Säulen II und III von Basel II, die u. a. qualitative Anforderungen an das Risikomanagement (RM) stellt und damit prinzipienorientiert sind.[44]

2.4.1 Grundaufbau des Regelwerks Basel II

Das umfangreiche Regelwerk von Basel II ist auf drei Säulen aufgebaut, die sich gegenseitig ergänzen (s. Abbildung 2):[45]

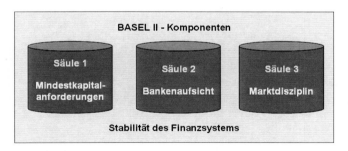

Abbildung 2: Drei-Säulen-System von Basel II[46]

---

42 Vgl. *Färber, Günther/ Kirchner, Julia,* Analyzer, 2004, S. 142f..
43 Vgl. *Wendels-Hartmann, Thomas*, Bankenaufsicht, 2009, S.5447.
44 Vgl. *Remsperger, Hermann*, Grundsatzfragen, 2008, S.4f..
45 Vgl. *Übelhör, Matthias/ Warns, Christian*, Grundlagen, 2004, S.20ff.; vgl. hierzu auch die Ausführungen von *Färber, Günther/ Kirchner, Julia,* Analyzer, 2004, S. 143 f..
46 Quelle: *Übelhör, Matthias/ Warns, Christian*, Grundlagen, 2004, S.20.

1. Säule: Mindestkapitalanforderungen[47]

Die erste Säule umfasst die quantitativen Regeln für die Mindestkapitalanforderungen. Die Messverfahren für Kreditrisiken, die einen Einfluss auf die Risikopositionen einer Bank haben, wurden deutlich überarbeitet während die Regeln für die Marktrisiken beibehalten wurden. Die Folge hieraus ist der Anstieg des Volumens der erforderlichen Informationen. Dadurch werden die *Risikogewichte nach der Bonität des Schuldners differenziert* betrachtet. Das Kredit- und Marktrisiko müssen mit EK hinterlegt sein und sind beim geltenden Aufsichtsrecht entsprechen berücksichtigt worden. Die Komponente „Operationelles Risiko" ist dagegen neu und muss zukünftig mit in die Berechnungen einfließen.[48] Unter „operationellem Risiko" versteht man gem. §269 SolvV „...die Gefahr von Verlusten, die infolge der Unangemessenheit oder des Versagens von internen Verfahren und Systemen, Menschen oder infolge externer Ereignisse eintreten".[49] Operationelle Risiken sind von den Banken individuell zu ermitteln mit Hilfe von vorgegebenen Verfahren und entsprechend mit EK zu hinterlegen. Folgende drei riskante Faktoren können in der Praxis vorliegen (s. Abbildung 3 auf S. 17):[50]

- Interne Verfahren: Verluste, die sich aus Mängeln innerhalb der Geschäftsprozesse ergeben (Kredit- und operationale Risiken).

- Menschliches Versagen hervorgerufen durch Irrtum, Fahrlässigkeit, Inkompetenz und Betrug oder systembedingte Fehler und Pannen im IT-System, die katastrophale Folgen haben sowie in Systeme, wo Fehler und Pannen im IT-System katastrophale Folgen haben können (operationale Risiken).

- Externe Ereignisse: Politische Besonderheiten, Änderungen bei Gesetzen und Vorschriften sowie Terroranschläge (Marktrisiken).

---

47 Vgl. hierzu auch die Ausführungen von *Hanker, Peter*, Angst, 2003, S.28ff..

48 Vgl. *Übelhör, Matthias/ Warns, Christian*, Grundlagen, 2004, S.21f..

49 Vgl. *Wendels-Hartmann, Thomas*, Bankenaufsicht, 2009, S.542f.; Anm. d. Verf.: Hier sind die Beispiele aus der französischen Bank Société Générale und der britischen Bearings Bank anzuführen. Der Wertpapierhändler Jerome Kerviel hat durch Fehlspekulationen in 2008 mit Futures der europäischen Aktienindizes, die durch sog. Hedges abgesichert wurden, der französischen Bank ca. 4,9 Mrd. EUR an Schaden verursacht. Zuvor hatte Nicholas Leeson der britischen Investmentbank einen Verlust von 825 Mill. Pfund (1995) mit spekulativen Geschäften zugefügt. Auch Fehlspekulationen der WestLB mit Vorzugs- und Stammaktien sowie fundamentale Beratungsfehler bei den Lehman-Zertifikaten sind als Beispiele für operationelle Risiken anzuführen.

50 Vgl. *Hanker, Peter*, Angst, 2003, S.36.

Abbildung 3: Risiken aus dem Kreditgeschäft[51]

2. Säule: Die Bankenaufsicht[52]

Ein wesentlicher Bestandteil des Regelwerkes ist die Regelung des Überprüfungsverfahrens durch die Bankenaufsicht. Das Ziel ist eine ausgerichtete Bankenaufsicht aufgrund Überprüfung komplexer gewordenen Bewertungsverfahren für die EK-Unterlegung, die sich aus der ersten Säule „Mindestkapitalanforderungen" des Regelwerks resultieren. Dabei werden die Bereiche Interne Aufsicht, Externe Aufsicht, der Dialog zwischen Banken und Aufsichtsbehörden sowie Maßnahmen explizit geregelt. Die zweite Säule „Bankenaufsicht" dient der Entwicklung von neuen und effizienten Risikosteuerungsinstrumenten, um die internationale und nationale Finanzkriminalität zu bekämpfen. Die Bankenaufsicht ist in der Lage, flexibel auf veränderte Rahmenbedingungen zu reagieren und mit den ihr unterstellten Kreditinstituten zu kommunizieren.[53]

---

51 Quelle: *Übelhör, Matthias/ Warns, Christian*, Grundlagen, 2004, S.21.

52 Vgl. hierzu auch die Ausführungen von *Hanker, Peter*, Angst, 2003, S.39ff..

53 Vgl. *Übelhör, Matthias/ Warns, Christian*, Grundlagen, 2004, S.34f..

3. Säule: Marktdisziplin[54]

Die dritte Säule behandelt die regulatorischen Vorgaben der erweiterten Offenlegungspflichten für Kreditinstitute, um eine stärkere Markttransparenz herbeizuführen. Ziel ist
die Anerkennung bestimmter Verfahren zur Vertrauensgewinnung der Marktteilnehmer.
Die Herausforderung für Kreditinstitute besteht in dem Interessenkonflikt zwischen
möglichst großer Transparenz und dem Schutz vertraulicher Informationen. Ein flexibles Konzept soll den Konflikt lösen, in dem die Häufigkeit sowie der Umfang der Publizität dem Grundsatz der Wesentlichkeit entspricht. Die Offenlegung betrifft insbesondere die vier Bereiche der Anwendung von EK-Vorschriften, die EK-Struktur, die eingegangenen Risiken sowie die Angemessenheit der EK-Ausstattung. Zum Teil geraten die
Offenlegungspflichten mit den nationalen Vorgaben in Konflikt.[55]

2.4.2 Begründung der Risikovorsorge durch die Kennzahl Eigenkapitalquote

Interne Risikomodelle werden herangezogen, um starre Regeln der Bankenaufsicht et-
was zu lockern. Dabei werden bankintern geschätzte Größen in eine bankaufsichtlich
vorgegebene Formel erfasst, um die notwendige Eigenkapitalunterlegung zu ermitteln.[56]
Basel II ermittelt, wie in Kapitel 2.3.1 beschrieben, die Eigenkapitalunterlegung bei Adressrisiken wesentlich differenzierter als Basel I. Dabei dürfen Banken zwischen dem
Kreditrisiko-Standardansatz (KSA) und dem auf die internen Ratings beruhenden Ansatz (IRBA) wählen (siehe Abbildung 25 im Anhang). Der Gesamtanrechnungsbetrag
für Adressrisiken wird bei beiden Ansätzen nach einem einheitlichen Schema berechnet
und wurde durch den Baseler Ausschuss für Bankenaufsicht anhand von Modellrech-
nungen (Statistische Erhebungen in Europa und USA im Jahr 1988) ermittelt. Das Produkt aus dem Positionswert (Exposure at Default - EAD), dem Risikogewicht der Aktiva (zwischen 0% und 150%) und dem aufsichtsrechtlich festgelegten Koeffizienten von
acht Prozent ergibt den Gesamtanrechnungsbetrag. Der Positionswert beschreibt den
ausstehenden Betrag bei einem Forderungsausfall. Im KSA wird ein nach Abzug von
Einzel- und Pauschalwertberichtigungen ermittelter Nettobetrag herangezogen. Im Gegensatz dazu verwendet der IRBA einen Bruttobetrag, der dem tatsächlichen Rückzah-

---

54 Vgl. hierzu auch die Ausführungen von *Hanker, Peter*, Angst, 2003, S.44ff..
55 Vgl. *Übelhör, Matthias/ Warns, Christian*, Grundlagen, 2004, S.36.
56 Vgl. *Wendels-Hartmann, Thomas*, Bankenaufsicht, 2009, S.544.

lungsbetrag entspricht. Jedoch muss der Überschuss aus Wertberichtigungen und Rückstellungen über den Verlust aus dem Kredit bis zur bestimmten Obergrenze dem verfügbaren Eigenkapital hinzugerechnet werden, bei Unterschreitung wird der Fehlbetrag zur Hälfte dem angerechneten Kernkapital und Ergänzungskapital abgezogen. Für die außerbilanziellen Geschäfte erfolgt die Bewertung der eventuellen Forderungen mit einem festgelegten Konversionsfaktor. Bei der Bestimmung des Positionswertes bei Derivaten werden die Laufzeitmethoden gem. §23 SolvV oder die Marktbewertungsmethode gem. §18 SolV herangezogen. Durch den ermittelten Eigenkapitalbetrag können etwaige Verluste aus der Geschäftstätigkeit der Banken ausgeglichen werden. Im IRBA wurde der Koeffizient durch die Multiplikation der Risikogewichte mit dem Faktor 12,5 faktisch beseitigt. Basel II enthält außerdem noch einen umfangreichen Sicherheitskatalog, der zur Reduzierung der Eigenmittelanforderung beitragen kann. Bei der Risikogewichtung spielt nach Basel II die Bonitätseinschätzung des Schuldners eine wesentliche Rolle. Im KSA werden zur Klassifizierung der Schuldnerklassen externe Rating-Agenturen herangezogen statt wie bisher die standardisierte Einteilung in drei Schuldnerklassen. Der IRBA ermittelt das Risikogewicht anhand interner Ratings sowie mit Hilfe einer komplexen Berechnungsformel (Gesamtanrechnungsbetrag für Adressrisiken = Positionswert (EAD) x Risikogewicht x 0,08).[57]

Starre quantitative Regeln durch die Bankenaufsicht führen zu leicht überprüfbaren Einhaltungen der Vorgehensweisen, was wiederum zur Rechtssicherheit bei den Instituten führt. Bei negativen Ergebnissen kann die Bankenaufsicht die zweifelsfreie Feststellung der Verletzung der Vorschriften ermitteln und zwingende Sanktionen verhängen. Dieser Vorteil relativiert sich jedoch, wenn die Bankenaufsicht in kritischen Situationen nicht situativ in die Geschäftsvorfälle der Kreditinstitute eingreifen kann. Die Beachtung der individuellen Risikosituationen einer Bank können durch starre Regeln nicht ausreichend berücksichtigt werden und führen zu Ausweichreaktionen und Regulierungsarbitragen (Ausnutzen von günstigen Regelungen). Zum Beispiel wurden die Eigenkapitalunterlegung mit der Acht-Prozent Regelung umgangen, in dem Kredite verbrieft wurden (Securitization) mit der Folge, dass sich dadurch das EK reduzieren ließ bei gleich bleibendem Risiko durch Haftungsansprüche (wie bei der Subprime-Krise

---

57 Vgl. *Klingelhöfer, Eckart/ Albrecht, Wolfgang*, Adressrisiken, 2009, S.353ff.; vgl. hierzu auch die Ausführungen von *Wendels-Hartmann, Thomas*, Bankenaufsicht, 2009, S.542f..

geschehen). Auch der Industrie- und Kreditbank (IKB) ist die Umgehung regulatorischer Vorschriften zum Verhängnis geworden, da sie die 364-Tage Liquiditätsfazilitäten (Zusagen mit einer Laufzeit von 364 Tagen) ausgenutzt haben. Eine Eigenmittelunterlegung war erst notwendig, wenn die Laufzeit länger als ein Jahr betrug. Starre Regelungen haben den nicht zu unterschätzenden Nachteil, dass die Risikoerfassung sich eher an die Vergangenheit orientiert und zukünftige Risikoentwicklungen vernachlässigt. Die aktuelle Finanzmarktkrise zeigt deutlich die Schwächen einer auf starren Vorgaben beruhenden Bankaufsicht auf, wo eine Verletzung der Vorschriften seitens der Finanzintermediären nicht bekannt, jedoch die Ausgewogenheit des Verhältnisses zwischen Eigenkapital und eingegangenen Risiken gestört ist, was wiederum zu einem plötzlich enormen Eigenkapitalbedarf der Banken zur Folge hatte und vom Markt nicht mehr befriedigt werden konnte. Die positive Konsequenz aus der Krise ist die zunehmende Konvergenz zwischen der Bankenaufsicht und des bankinternen Risikomanagements.[58]

Sofern Banken gem. Basel II den IRBA zur Risikoanalyse wählen, sind leistungsfähige IT-Systeme zur Erstellung interner Ratings unbedingt erforderlich. Dabei entstehen hohe Implementierungskosten bei der Umsetzung in der Bank-IT durch die Verwaltung und Analyse aller Daten sowie für die gewählte IT-Lösung. Zugleich entstehen neue Anforderungen an die Berechnungen der Ratings. Auf Basis von historischen Daten müssen Berechnungen simuliert und ihre Validität durch Stresstests überprüft werden. Bestehende IT-Architekturen müssen zwangsläufig an die neuen Systeme zur Berechnung der Ratings angepasst werden. Die Boston Consulting Group schätzt die Höhe der Implementierungskosten für den IRBA zwischen 20 und 50 Mill. EUR abhängig von der Größe der Bank sowie der Komplexität des Kreditportfolios. Hinzu kommen jährliche Wartungskosten in Höhe von bis zu 15%.der einmaligen IT-Investitionen.[59]

2.5 Kritische Würdigung des Basel II – Ansatzes und Änderungen in der Rechnungslegung nach IFRS, BilMoG und HGB

Die Kritik an Basel II ist, dass sie die Finanzmarktkrise nicht verhindert hat bzw. hätte, sondern sich eher verschärfend ausgewirkt hat. Der FV führt dazu, dass Vermögenspo-

---

58 Vgl. *Wendels-Hartmann, Thomas*, Bankenaufsicht, 2009, S.543.
59 Vgl. *Groß, Thomas/ Lohfing, Anja*, Kreditinstitute, 2004, S.169f..

sitionen auf der Aktivseite der Bilanz stärkeren Schwankungen und damit der Geschäftstätigkeit sowie dem resultierenden Ertrag ausgesetzt sind. Im Rahmen der Basel II-Reform werden insbesondere prozyklische Elemente auf Verbesserungen untersucht. Ende 2008 hat das für die IFRS zuständige Gremium in London eine Reihe von Modifikationen in den IFRS auf den Weg gebracht, um aus dem Teufelskreis aus fallenden Kursen und immer höheren Wertberichtigungen auszubrechen. Dabei werden vor allem Gestaltungsräume für die Umklassifizierung von Finanzinstrumenten innerhalb der Aktivposten eingebracht, um eine konstante Bewertung bzgl. der volatilen Wertpapieren zu gewährleisten. Ebenso wird für die Zulassung der DCF-Methode (an den tatsächlichen Zahlungsströmen orientiertes Verfahren) seitens der Bundesbank propagiert, um Nachhaltigkeit zu erwirken.[60]

Die beiden Verfahren KSA und IRBA zur Risikobeurteilung stehen seit der Finanzkrise auf dem Prüfstand. Bei dem KSA wurde der Misstand deutlich, dass die Rating-Agenturen viel zu spät die Ratings der Schuldner reduziert haben aufgrund der unvorhergesehenen Krise. Die Folge der Unterschätzung der Risiken war, dass Banken nach Basel II die Risiken mit zu geringem EK unterlegt haben. Dieses Defizit betrifft auch den IRBA, denn bei den internen Modellberechnungen sind die Risikoprämien zu niedrig kalkuliert worden. Die Kritik zielt des Weiteren auch auf das falsche Anreizsystem, da Kreditgeber und die haftende Person bzw. das haftende Unternehmen nicht identisch sein müssen und sich so der Verantwortung entziehen können. Auch auf den Prüfstand steht die 20%-EK-Regelung für Garantien. In der Kritik steht vor allem die Jahresregelung, wo keine EK-Unterlegung erforderlich ist, die insbesondere die außerbilanziellen Zweckgesellschaften in Anspruch genommen haben.[61] Das Postulat der Zusammengehörigkeit von Verantwortung und Haftung wird auch vom Deutschen Institut für Wirtschaftsforschung (DIW) gefordert, da dt. Landesbanken durch den Wegfall der Haftung im Jahr 2005 ihre risikobehafteten Geschäftstätigkeiten stark ausgeweitet haben und von der Finanzkrise ebenfalls erfasst wurden.[62] Weiterhin kann eine Senkung des Kapitalbedarfs aufgrund der Basel II-Richtlinien zur Herabsetzung der Bonität bei Banken

---

60 Vgl. *o. V.*, Bundesbank, 2009, S.22.
61 Vgl. *o. V.*, Krisen, 2007, S.31.
62 Vgl. *Schrooten, Mechthild*, Verantwortung, 2008, S.224.

führen, welches sich wiederum negativ auf die Kapitalkosten auswirkt.[63] Die entscheidenden Vorteile von Basel II sind:[64]

- Das Risikomanagement bekommt eine stärkere Rolle zugewiesen, um die Finanzstabilität und die Sicherheit der jeweiligen Bank zu gewährleisten.

- Die Beachtung des tatsächlichen Risikos ermöglicht eine gerechte und faire Konditionengestaltung bzw. Kreditkostenorientierung.

- Die Qualitätssteigerung äußert sich in der künftig besseren Transparenz und Offenheit und steigert zudem die Zufriedenheit bei allen Teilnehmern.

- Unternehmen werden sich durch das Rating ihre Geschäftstätigkeit genauer auf den Prüfstand stellen und verschaffen sich dadurch gleichzeitig bessere Zukunftsaussichten.

Zum Nachteil von Basel II gehört die umfassende Vorgabe der Risikobetrachtung, die in Banken zu erhöhtem Datenvolumen führt und dabei hohe Kosten verursachen. Auch die unterschiedlichen Risikoberechnungsmodelle nach Basel II erschweren die Vergleichbarkeit der Risiken in Banken untereinander. Eine 100%-ige Risikobetrachtung ist aufgrund der komplexen Strukturen und Prozessen nicht möglich, so dass ein gewisses Maß an Restrisiko immer bestehen bleiben wird.

Wesentliche Kritikpunkte bei BilMoG sind:[65]

- Der unbestimmte Rechtsbegriff der Finanzinstrumente, da hier wiederum Bilanzierungsspielräume bzw. Interpretationsfragen geschaffen werden.

- Eine flexible Umwidmung der erworbenen FI wird weiterhin untersagt und nur in Ausnahmefällen genehmigt. Somit kann z. B. ein erworbenes Derivat, das zum späteren Zeitpunkt für die Absicherung innerhalb einer Bewertungseinheit verwendet werden soll, nach handelsrechtlichen Gesichtspunkten nicht umge-

---

63 Vgl. *o. V.*, Herabstufungen, 2004, S.26.
64 Vgl. *Hanker, Peter*, Angst, 2003, S.48f..
65 Vgl. *Nguyen, Tristan*, Fragen, 2009, S.233f..

schichtet werden. IAS 39 jedoch erlaubt dies ausdrücklich und die Umschichtungen bilden i. d. R. das Tagesgeschäft.

- Eine Ausschüttungssperre für zum FV bewerteten FI wird nicht in Betracht gezogen. Dadurch könnten unrealisierte Erträge an die Investoren ausgeschüttet werden, was einer Aushöhlung des handelsrechtlichen Gläubigerschutzprinzips gleichkommt.

3 Die Entstehung der Finanzmarktkrise

Die Finanzmarktkrise und ihre Finanzinnovationen haben einen maßgeblichen Einfluss auf die Banken. Hierbei soll untersucht werden, wie es zur Finanzmarktkrise kam und welche Auswirkungen sie auf die Transparenz der Informationsversorgung hat. Insbesondere wird die Rolle der Banken, Bankenaufsicht und der Politik kritisch analysiert und in diesem Zusammenhang die Effekte der Krise auf Basel II und die Rechnungslegung näher erläutert.

3.1 Von der Subprime – zur Finanzmarktkrise

Der Begriff „Subprime" wird in den USA für die Klasse mit der niedrigsten Bonität der Schuldner verwendet und verlieh auch der Krise ihren Namen. Im Vergleich mit den Finanzmarktkrisen der letzten Jahre ist die heutige Krise bisher die größte seit der Weltwirtschaftskrise in den 30er Jahren aufgrund der internationalen Dimension. Die Folgen sind erhebliche strukturelle Veränderungen in den Systemen der Weltwirtschaft. Insbesondere der Finanzmarkt wird sich enorm verändern, da klassische Investmentbanken bereits untergegangen sind. Die Krise ist als Bankenkrise einzustufen und bezieht auch die Strukturen des Finanzmarktes mit ein.[66] Die Immobilienpreise für US-Wohnimmobilien haben sich in den letzten zehn Jahren real mehr als verdoppelt. Im August 2008 fielen die Immobilienpreise in zwanzig Großstadtregionen um mehr als 16,6% (s. Abbildung 4 auf S. 24) im Vergleich zum Vorjahr, dies war der höchste Rückgang in der amerikanischen Geschichte. Mit der Krise hat sich zeitgleich die Anzahl von Zwangsversteigerungen verdreifacht. Die amerikanischen Banken waren Teil

---

66 Vgl. *Fendel, Ralf/ Frenkel, Michael*, Subprime-Krise, 2009, S.78ff..

der Spekulationsblase, in dem sie weitere Immobiliendarlehen gewährt haben und im Gegenzug nur die Immobilien als Sicherheiten erhielten.[67]

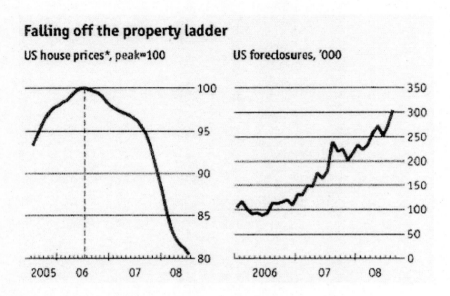

Falling off the property ladder

US house prices*, peak=100

US foreclosures, '000

2005   06   07   08

2006   07   08

Abbildung 4: Entwicklung der Immobilienpreise und Zwangsversteigerungen[68]

Die Vergabe von Hypothekenkredite an sozial Schwächeren für Wohneigentum war Ende der 90er ein politisches Ziel der USA. Die Subprime-Hypotheken wurden als Finanzinnovationen gefeiert zur Erreichung des politischen Zieles. Das Konstrukt sah vor, dass der Beleihungswert bei 100% des Hauswertes liegen konnte und eine ein- und zweijährigen Zinsbindungen festgeschrieben wurde, statt der 30-jährigen Zinsbindungen, dies war für die Kaufinteressenten höchst attraktiv. Im Gegenzug lagen die Aufschläge zur Finanzierung nach Ablauf der Frist höher als bei den konventionellen Verträgen. Im Zeitraum 2000 bis 2007 hat sich der Betrag aller ausstehenden Hypotheken verdoppelt, die Subprime-Hypotheken haben sich jedoch verachtfacht. Der Marktanteil der Subprimekredite verzeichnete einen Anstieg von 2,7% auf 12,7%. In Zahlen ausgedrückt beträgt der Wert der Subprime-Hypotheken 1,5 Billionen $. Die Bonitätsklasse

---

67 Vgl. *Hausner, Karl Heinz*, Abkühlung, 2009, S.40; weitergehende Informationen über die US-Finanzmarktkrise gibt *Dreger, Christian*, Herbstgrundlinien, 2008, S.614f..
68 Quelle: *Hausner, Karl Heinz*, Abkühlung, 2009, S.40

Alt-A sind Klassen knapp über der Subprime-Klasse und gingen mit in die Berechnungen ein. Das macht einen Anteil von insgesamt 25% vom Gesamtwert aller Hypotheken in Höhe von 6 Billionen $ aus (s. Tabelle 3 auf S. 25). Der Geschäftserfolg resultierte nicht aus dem Volumen der Hypotheken, sondern durch die zügig durchgeführte Refinanzierung und dem Aufschlag auf den marktüblichen Zins aufgrund gestiegener Immobilienpreise.[69] Die Asien-Krise (1997) zeigt ähnliche Parallelen auf, die durch die Öffnung des asiatischen Finanzmarktes einen Kreditboom und damit zum Anstieg der Immobilienpreise zur Folge hatte.

| Jahr | Alle verbrieften Hypotheken | ... davon in den unteren Bonitätsklassen | | | | |
| | | Alt-A | | Subprime | | Gesamt |
	Anzahl	Betrag	Anteil	Betrag	Anteil	Anteil
2000	3.003	44	1,5%	81	2,7%	4,2%
2001	3.409	50	1,5%	109	3,2%	4,7%
2002	3.802	67	1,8%	167	4,4%	6,2%
2003	4.005	102	2,5%	254	6,3%	8,8%
2004	4.481	230	5,1%	431	9,6%	14,7%
2005	5.201	510	9,8%	641	12,3%	22,1%
2006	5.829	730	12,5%	732	12,6%	25,1%
2007 Q1	5.984	765	12,7%	730	12,2%	24,9%

Tabelle 3: Entwicklung der US-Hypotheken in den unteren Bonitätsklassen[70]

Das Modell der Hypothekenfinanzierung ist besonders riskant, da bei den Subprime-Darlehen kaum eine Bonitätsprüfung der Kreditnehmer stattgefunden hat. Die Fremdfinanzierungsquote von 100%, die zunächst günstigen variablen Zinssätze (ARM – Adjustable Rate Mortgages) über kurze Laufzeiten, die niedrigen Geldmarktzinsen der FED sowie die fehlerhaften Bonitätseinstufungen der Ratings-Agenturen[71] waren ein Mix mit vielen gefährlichen Implikationen für die Weltwirtschaft.

Das Dilemma ist, dass Eigentümer ihre Häuser jederzeit an die US-Banken zurückgeben können, wenn die Verbindlichkeiten den Wert ihrer Immobilien übersteigen, die mitt-

---

69 Vgl. *Fendel, Ralf/ Frenkel, Michael*, Subprime-Krise, 2009, S.78f..
70 Quelle: *Fendel, Ralf/ Frenkel, Michael*, Subprime-Krise, 2009, S.78.
71 Vgl. *Erber, Georg*, Verbriefungen, 2008, S.672.

lerweile massiv an Wert verloren haben. In der Praxis wurden durch die Bündelung und Verbriefung laufender Hypothekenkrediten durch forderungsbesicherte Wertpapiere (Asset-Backed-Securities – ABS)[72] die entstandenen Kreditrisiken der kreditgebenden Banken an die Käufer der Wertpapiere (u. a. Fonds, Versicherungen und Banken) übertragen. Ziel der komplexen Finanzprodukte ist die Minimierung des Ausfallrisikos durch eine Vielzahl an einzelnen Kreditforderungen (Risikodiversifikation). Des Weiteren sind die meisten Hypothekenkredite in den USA variabel verzinst und brachten dadurch die Hauseigentümer in Zahlungsschwierigkeiten (Privatinsolvenz) als die FED Leitzinssteigerung von 1% auf 5,25% vorantrieb. Der Zusammenbruch des Marktes für zweitklassige Hypothekenkredite führte zur Subprime-Krise, welche traurige Berühmtheit erlangte. Der Internationale Währungsfonds (IMF) hat geschätzt, dass der Abschreibungsbedarf bei den amerikanischen Finanzinstituten von 945 Mrd. $ (April 2008) auf 1.400 Mrd. $ (Oktober 2008) gestiegen ist. Die größte Bedrohung für die Finanzmärkte und Weltwirtschaft ist zurzeit die Gefahr der Liquiditätskrise im Bankensektor. Der allgemeine Vertrauensverlust schlägt sich auf die extrem hohen Liquiditäts- und Risikoaufschlägen am Interbankenmarkt nieder, was wiederum die Refinanzierung der Banken verteuert und in Form von schlechteren Kreditkonditionen am Geldmarkt weitergegeben wird. Die Folge ist die Gefahr einer Kreditklemme in der Realwirtschaft, die weiter steigen wird, wenn nicht regulatorisch eingegriffen wird. Der Vertrauensverlust spiegelt sich in der weltweit gesunken Risikoneigung der Investoren wieder, die wiederum eine Refinanzierung über den Anleihenmarkt für liquiditätsschwache Unternehmen unmöglich machen, aber auch etablierte Unternehmen haben Schwierigkeiten sich am Anleihenmarkt zu finanzieren. Banken versuchen über eine restriktivere Kreditvergabe, größere Sicherheitsforderung und höhere Zinsen das Ausfallrisiko zu minimieren.[73] Die Übertragungseffekte (Spillovers) bekommen aktuell die Porsche AG und die Merckle GmbH durch die restriktive Haltung der Banken zu spüren und sie müssen sich bei ihrer Geschäftsstrategie harte Auflagen durch die entstandene, prekäre Finanzlage gefallen lassen.

---

72 Vgl. hierzu auch die Ausführungen von *Wöhe, Günter/ Döring, Ulrich*, Einführung, 2008, S.613ff.: ABS entstehen durch Verbriefung von Forderungen, die durch Verkauf an einen Fonds aus der Bilanz des Gläubigers ausgelagert werden.

73 Vgl. *Hausner, Karl Heinz*, Abkühlung, 2009, S.40f.; vgl. hierzu auch die Ausführungen von *Fendel, Ralf/ Frenkel, Michael*, Subprime-Krise, 2009, S.78ff..

Die realwirtschaftlichen Effekte durch die Finanzmarktkrise schlagen jedoch in Deutschland geringer aus als in den USA. Die dt. Immobilienpreise sind nach dem Einbruch Mitte der 90er, seit Jahren stabil und die Immobilienfinanzierungen werden restriktiver vergeben als in Amerika. Neben den geringeren Beleihungsgrenzen (bis zu 60%) ist das Marktsegment für verbriefte Immobilienkredite (MBS)[74] mit einem Anteil von unter 1% aller Verbindlichkeiten des finanziellen Sektors (ca. 25 Mrd. EUR) deutlich niedriger als in den USA, wo der Anteil bei knapp 30% aller Verbindlichkeiten des Finanzsektors liegt (4,8 Bill.$). Jedoch ergeben sich für dt. Banken Belastungen (ca. 38 Mrd. EUR = 10% des EK), da sie in amerikanische Wertpapiere investiert hatten, die im Zuge der Krise erhebliche Wertberichtigungs- und Abschreibungsbedarfe nach sich ziehen. Des Weiteren ist das Misstrauen zwischen den Banken für den Interbankenmarkt hinderlich und einzelne dt. Banken geraten in Liquiditätsschwierigkeiten (z. B. HRE und IKB).[75] Subprime-Hypotheken haben auf steigende Immobilienpreise sowie auf die Beibehaltung eines niedrigen Zinsniveaus gesetzt. Bei Nichterfüllung dieser Erwartungen lagen die Risiken zumindest für die einzelne Hypothek beim Schuldner, der sich um die Refinanzierung kümmern muss. Mit dem Anstieg des Zinsniveaus im Sommer 2004 in den USA begannen die Zahlungsschwierigkeiten der sowieso nicht gerade solventen Schuldner.[76] Die dt. Banken sind in Mitleidenschaft gezogen worden, da sie blindes Vertrauen in Ratingagenturen walten ließen und so die zum Teil faulen US-Immobilienverbriefungen ins Portfolio aufnahmen, ohne diese vorher gründlich zu prüfen. Aufgrund der in Deutschland strengeren individuellen Bonitätsprüfungen bei der Kreditvergabe und nicht nach Schuldnerklassen selektierte Bonitätsklassifikation stellt sich die Frage, ob das Ausmaß der Krise nicht hätte verringert werden können.

3.1.1 Finanzinnovationen und Zweckgesellschaften als Auslöser der Finanzkrise

Die hypothekengewährenden Institutionen refinanzierten sich durch die Emissionen von Wertpapieren, die hauptsächlich durch die dahinter stehenden Immobilien besichert waren. Die Risiken in den Wertpapieren sind wiederum von der Preisentwicklung des Im-

---

74 Vgl. hierzu auch die Ausführungen von *Schäfer, Dorothea*, Agenda, 2008, S.808f..
75 Vgl. *Dreger, Christian*, Herbstgrundlinien, 2008, S.616.
76 Vgl. *Fendel, Ralf/ Frenkel, Michael*, Subprime-Krise, 2009, S.79f..

mobilienmarktes abhängig. Die Wertpapiere entstanden im Zuge der Verbriefungen von Kreditschulden auf den internationalen Finanzmärkten und waren relativ neuartig und hochkomplex. Bei der Securitization werden handelbare Wertpapiere aus Forderungen oder Eigentumsrechten geschaffen. Die Verbriefung erfolgte meist über sog. Zweckgesellschaften[77] (Special Purpose Vehicles – SPVs) mit dem alleinigen Zweck, die erschaffenen Wertpapiere auf den internationalen Finanzmärkten zu positionieren und deren Aktiva nur aus den eingebrachten Eigentumsrechten bestand.[78] Zweckgesellschaften spielen eine wesentliche Rolle in der Finanzmarktkrise (s. Abbildung 5).

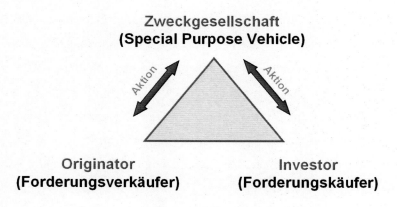

Abbildung 5: Aktionsfeld einer außerbilanziellen Zweckgesellschaft[79]

Der Vorteil der Auslagerung der Finanzgeschäfte für die Unternehmen lag darin, dass unter den geltenden rechtlichen Bedingungen die Transaktionen außerhalb der Bankbilanz geführt wurden. Durch die Refinanzierungsschwierigkeiten der Zweckgesellschaften über den Markt wurde eine Kettenreaktion ausgelöst, welche die Bankenbilanzen im negativen Sinne getroffen hat.[80] Zu den wichtigsten Formen der Wertpapieren zählen die Asset-Backed Securities (ABS), Mortgage-Backed Securities (MBS) und die Collateralised Debt Obligations (CDO).Im Zuge des Zinsnivaus-Anstieg in 2004 mussten die Zweckgesellschaften hohe Wertberichtigungen vornehmen aufgrund der 100%-igen Beleihung der Immobilien. Dabei gerieten auch die großen US-Immobilienfinanzierer

---

77 Anm. d. V.: Zweckgesellschaften sind meistens eine 100%-ige Tochtergesellschaft einer Bank; vgl. hierzu auch die Ausführungen von *Erber, Georg*, Verbriefungen, 2008, S.670.

78 Vgl. *Fendel, Ralf/ Frenkel, Michael*, Subprime-Krise, 2009, S.80.

79 Quelle: Eigene Darstellung.

80 Vgl. *Schrooten, Mechthild*, Bankensektor, 2008, S.78.

wie Freddie Mac und Fannie Mae in finanziellen Schwierigkeiten. Diese mussten von der US-Regierung zu 100% unterstützt werden und der amerikanische Steuerzahler musste Milliarden an Dollars als Sicherheit bereitstellen, um die Insolvenz der großen US-Immobilienfinanzierer zu verhindern. Durch die Zweckgesellschaften jedoch tauchten diese Risiken zunächst nicht in den Bilanzen der Immobilienfinanzierer auf. Im weiteren Zeitverlauf zeigte sich das wahre Ausmaß der Krise, da durch die Komplexität der Finanzprodukte und durch die attraktiven Renditen weltweit eine hohe Nachfrage nach den US-Verbriefungen existierte. Die IKB sowie einige Landesbanken gerieten durch den hohen Abschreibungsbedarf in den Sog der Krise. Ebenso spielten die internationalen Rating-Agenturen wie u. a. Moody`s und Standards & Poors eine zentrale Rolle, denn sie stuften das Risiko der betroffenen Schuldner als gering ein aufgrund der hohen Renditen und einer verfehlten Ex-Post-Betrachtung des US-Immobilienmarktes. Die Anpassung der Ratings erfolgte während der Krise und brachte die missverstandene Tatsache ans Licht, dass in erster Linie die Zahlungsfähigkeit des Emittenten (der Banken) bewertet wurde und nicht das Risiko eines spezifischen Finanzinstrumentes. Das Kreditderivat Credit Default Swaps (CDS) spielte in der Krise ebenso eine tragende Rolle, denn sie erlauben den Handel von Kreditausfallrisiken (eine Art von Versicherung). Der Sicherungsnehmer bekam eine fest vereinbarte Leistung des Sicherungsgebers im Falle eines Kreditausfalls gegen Zahlung einer regelmäßigen Gebühr. Durch die Finanzmarktkrise sind ebenfalls die Sicherungsgeber in finanzielle Schwierigkeiten geraten.[81]

3.1.2 Auswege für Banken aus der Finanzmarktkrise

Weltweite Regulierung und Absprachen zwischen den Regierungen, Aufsichtsbehörden und Finanzmärkten zur Bekämpfung der Krise sind nach Mainstream-Meinung sowohl in der Öffentlichkeit als auch in der Fachwelt notwendig. *Robert Mundell* jedoch widerlegt diese Meinung mit der Theorie, dass dezentrale Wirtschaftspolitik auch bei internationaler Interdependenz der Märkte effizient ist, wenn jeder Staat jedem seiner einzelnen wirtschaftspolitischen Ziele, das jeweils effektivste wirtschaftspolitische Instrument zuordnet. Die Regierungen können und sollen miteinander kommunizieren (im Rahmen

---

81 Vgl. *Fendel, Ralf/ Frenkel, Michael*, Subprime-Krise, 2009, S.80f..

der G-20 am 15./16. November 2008)[82] und sich gegenseitig beobachten, jedoch sollen keine Absprachen getroffen werden. Denn nur so ergebe sich ein Nash-Gleichgewicht, in einem nicht-kooperativen Spiel, das stabil und zugleich effizient wäre.[83]

Durch die Finanzmarktkrise werden in der aktuellen Diskussion verschiedene Maßnahmen behandelt. Um eine stabilere internationale Finanzarchitektur zu schaffen, wird die Implementierung der sog. Basel II-Standards in allen Ländern empfohlen. USA hat diesen Standard bisher nicht umgesetzt, was unter Umständen ein folgenschwerer Fehler war sofern man glaubt, das Basel II den Umfang der Auslöser der Krise in den USA vermindert hätte. Tatsache ist, dass Basel II die Krise nicht verhindert hätte, sondern sich verschärfend ausgewirkt hat, in dem höhere Risiken mit entsprechend hoher EK-Unterlegung zur Illiquidität der Banken geführt hat. Ebenso wird eine stärkere Rolle des IMF und des Financial Stability Forum (FSF) im Rahmen der internationalen Finanzmarktaufsicht eingefordert. Folgende konkrete Vorschläge (s. Tabelle 4) zielen auf eine verbesserte Regulierung der Finanzinstitute ab:[84]

Vorschläge zur Verbesserung der Regulierung von Finanzinstituten	
1	Alle Risikopositionen müssen aus der Bankbilanz ersichtlich sein.
2	Verbesserung des Risikomanagements sowie eine höhere Liquiditätspufferung innerhalb der Banken.
3	Banken dürfen aus anreiztechnischen Argumenten nicht jeweils einen gesamten vergebenen Kredit verbriefen, sondern nur einen gewissen Teil (20%).
4	Generell kritische Überarbeitung der int. Rechnungslegungs- und Publizitätsstandards.
5	Haftungsausweitung auf verantwortliche Manager.
6	Prüfung der Managervergütung im Rahmen des internationalen Verhaltenskodexes.
7	Fachliche Expertise im jeweiligen Fach innerhalb des Top-Managements soll vertreten sein.

Tabelle 4: Vorschläge zur Verbesserung der Regulierung von Finanzinstituten[85]

---

82 Vgl. *Fendel, Ralf/ Frenkel, Michael*, Subprime-Krise, 2009, S.83.
83 Vgl. *Vaubel, Roland*, Internationale, 2009, S.61.
84 Vgl. *Fendel, Ralf/ Frenkel, Michael*, Subprime-Krise, 2009, S.84.
85 Quelle: in Anlehnung an *Fendel, Ralf/ Frenkel, Michael*, Subprime-Krise, 2009, S.84.

Insbesondere der Verbriefungsmarkt muss sich reformieren. Die Neustrukturierung zielt auf eine Verbesserung der Transparenz durch Standardisierung. Gerade hier existiert das Problem asymmetrischer Informationen, welches mit zunehmender Komplexität bei den Finanzprodukten größer wird. Rating-Agenturen können derzeit nicht viel zur Transparenz beitragen, da ihre Haltung durch die Vergütung seitens des Emittenten als gestört betrachtet werden muss. Jedoch sollte es auch hier zu mehr Transparenz kommen, um Missverständnisse der Vergangenheit auszuräumen, wo Ratings nicht das Finanzmarktprodukt, sondern lediglich die Solvenz der Emittenten bewerten ohne zu berücksichtigen, wie hoch die gesamten Risikopositionen des Emittenten waren. Zur Verbesserung der Informationskonstellation sollte die Haftung auf Seiten der Originatoren als auch auf dem Verbriefungsmarkt (insbesondere bei CDS-Produkten) bestehen, da ein Selbstbehalt die Interessenkongruenz fördert.[86]

Die Anwendung interner Ratingsysteme nach Basel II erhöht die Transparenz des Kreditportfolios. Durch die erweiterten Offenlegungspflichten (3. Säule Basel II) werden die Risikostrukturen transparent und die Wahrscheinlichkeit unbemerkter Risiken sinkt. Die Vereinheitlichung von Prozessen und Risikostrukturen werden durch die Vorgaben der 2. Säule (Mindestanforderungen) begünstigt. Basel II ermöglichen unter strategischer Sicht substanzielle Wettbewerbsvorteile durch die erhöhte Risikotransparenz. Langfristig wirkt Basel als Katalysator für die Konzentration in der Bankenbranche.[87] Die internationale Finanzmarktkrise führt zu weitreichenden Konsolidierungsprozessen im Bankensektor (z. B. Commerzbank AG mit der Dresdner Bank AG in 2008). Die Vorteile einer integrierten Gesamtbanksteuerung wirken positiv auf die Risikobetrachtung, da Risiken transparent werden. In den folgenden fünf Jahren wird die IT die Systemlandschaften in Banken nachhaltig umstellen bzw. verbessern.[88]

Die Lösung der Hauptschwächen des bestehenden Systems wie u. a. die Bewertung, Offenlegung und die Rolle der Ratingagenturen liegt in einem neuen und stärkeren System, welches durch eine enge Koordination der Regulierer und Aufseher gekennzeichnet ist. In einem Finanzsystem ist die schnelle Informationsverbreitung unerlässlich für

---

86 Vgl. *Fendel, Ralf/ Frenkel, Michael*, Subprime-Krise, 2009, S.85.
87 Vgl. *Groß, Thomas/ Lohfing, Anja*, Kreditinstitute, 2004, S.178ff..
88 Vgl. *o. V.*, Banken, 2008, S.22.

die Beteiligten der Finanzsysteme.[89] Rating-Agenturen analysieren Unternehmen, Emissionen und Finanzprodukte und schätzen die Ausfallrisiken von Schuldtiteln.[90] Sie liefern durch vorgenommene Bonitätseinstufungen Informationen über die relative Kreditqualität von Schuldnern. Dabei wird der Markt von den drei internationalen Unternehmen S&P, Moody`s Investors Service und Fitch Ratings dominiert. Durch die Informationen sollen asymmetrische Informationsverteilungen (Principal-Agent-Problematik) zwischen den Emittenten und den Investoren soweit es geht minimiert werden und infolge dessen einen Beitrag zur effizienten Allokation der Risiken und Ressourcen der Marktteilnehmer leisten. Die herausragende Bedeutung ihrer Existenz liegt darin, dass ihre Ergebnisse als Grundlage für zahlreiche Marktteilnehmer und regulatorischen Aufsichtsbehörden in den Anlage- und Beurteilungsstrategien dienen. Der Interessenkonflikt ergibt sich einerseits aus der beratenden Tätigkeit gegenüber den Emittenten und Finanzintermediären sowie die Vergütung durch Emittenten und Originatoren und andererseits der neutralen Haltung gegenüber dem Kapitalmarkt. Die EU-Kommission hat bereits am 12.11.2008 einen Gesetzesvorschlag zur Reformierung der Ratingagenturen erarbeitet.[91] Ein Vertrauensgewinn zu den Rating-Agenturen kann nur durch ein qualitativ hochwertiges, allgemein anerkanntes Rating erreicht werden. Aber auch Verhaltensänderungen bei den Nutzern von Ratings sind dringend erforderlich. Eine vollkommene kritiklose Übernahme der Agentur-Einschätzungen reicht für eine sachgerechte Investitionsentscheidung nicht aus wie die Subprime-Krise es gezeigt hat.[92]

Die Politik spielt ebenso wie die Banken eine entscheidende Rolle in der Finanzmarktkrise. Durch die Bereitstellung kurzfristiger Liquidität in Verbindung mit einer schnellen und entschlossenen Reaktion hat die Politik das Vertrauen geschaffen und einen Beitrag zur Stabilisierung des globalen Finanzsystems geleistet.[93] Aktuelle Diskussionen um den Autoproduzenten Opel und der angeschlagenen Hypo Real Estate zeigen die Entschlossenheit der Politik, werfen aber auch neue Fragen hinsichtlich ihrer Sinnhaftigkeit und in der Solidarität staatlicher Akteure auf, welche nicht ausreichende Finanzmittel haben, um die in der Krise befindlichen Unternehmen zu retten.

---

89 Vgl. *Profumo, Allessandro*, Subprime-Krise, 2008, S.10f..
90 Vgl. *Brabänder, Bernd*, Rolle, 2008, S.13.
91 Vgl. *Europäische Zentralbank*, Ratingagenturen, 2009, S.115ff..
92 Vgl. *Brabänder, Bernd*, Rolle, 2008, S.14f..
93 Vgl. *Profumo, Allessandro*, Subprime-Krise, 2008, S.10.

3.2 Auswirkungen der Krise auf die Transparenz der Informationsversorgung

Die *Bonität* spiegelt Informationen über die wirtschaftlich-sachlichen Zahlungsfähigkeit und der persönlichen Zahlungsbereitschaft von Vertragspartnern wieder. Im Sinne einer Kreditrisikominimierung ist eine sorgfältige Prüfung im Interesse der Kapitalgeber erforderlich. Der Austausch von Informationen erlaubt einen koordinierten Allokationsprozess zwischen Anbieter und Nachfrager. In der Realität wird aufgrund *asymmetrischer Informationen (Informationsmangel)* oftmals Second-best-Lösungen erreicht, da keine vollständigen Informationen vorliegen. Der Abbau des Informationsmangels bei Kreditnehmern ist mit unterschiedlichen Wirkungen verbunden. Durch die Bereitstellung von zusätzlichen Daten entstehen Transaktionskosten, die alle Teilnehmer unterschiedlich zu tragen haben. Zu den transparenzbeeinflussenden Faktoren zählen:[94]

- Datenquellen: Offenlegung der Herkunft von Daten die Kreditgeber und Rating-Agenturen heranziehen. Da nicht alle Daten gleichermaßen verwendet werden können, entstehen Datensammlungen in unterschiedlicher Qualität und Preisklassen.

- Datenarten: In der Öffentlichkeit sind nur allgemeine Merkmale der Datenarten bekannt, jedoch bleiben konkrete Einzelmerkmale unentdeckt. Daher ist die lückenlose Aufdeckung eine Anforderung für die Steigerung der Transparenz.

- Datenverarbeitungsverfahren: Für die Risikoeinschätzung werden mathematisch-statistische Verfahren angewendet. Je mehr Daten in die Berechnungen einfließen, desto effizienter und genauer werden die Ergebnisse der Risikoeinschätzung. Die Transparenz wird gefördert, in dem bessere Erklärungsvariablen ermittelt werden und die Weiterentwicklung der bestehenden Berechnungsmodellen vorangetrieben werden, damit Bonitätsurteile qualitativ verbessert werden können.

---

94 Vgl. *Picot, Arnold et al.*, Transparenz, 2007, S.9ff..

Die nachfolgende Abbildung 6 verdeutlicht den Zusammenhang zwischen der Komplexität und dem Nutzen der Transparenz.

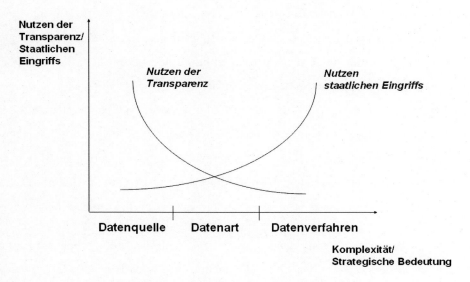

Abbildung 6: Zusammenhang von Komplexität und Transparenz[95]

Die Grafik zeigt einen wachsenden staatlichen Bedarf an Datenüberprüfung (Kontroll- und Prüfverfahren für den gesetzlichen Anspruch), wenn die Komplexität oder strategische Bedeutung der transparenzbeeinflussenden Faktoren in einem Unternehmen zunimmt. Der einzelne Marktteilnehmer kann die Effizienz der Verfahren nicht prüfen aufgrund fehlender Gesamtinformationen (asymmetrische Informationen). Des Weiteren zeigt die Abbildung, dass mit zunehmender Komplexität und strategischer Bedeutung die Transparenz für die Marktteilnehmer abnimmt, da auf dem Markt gegenläufige Partikularinteressen existieren. Zur Lösung der Problematik regressiver Transparenz trägt die Schaffung von differenzierten Verfahren zu Bonitätsberechnungen auf mehreren Ebenen bei, wo entsprechende Daten in ihrer Tiefe dargestellt werden können. Dadurch würden sich die Transparenz-Anforderungen zumindest auf verschiedenen Ebenen stärker herauskristallisieren.[96] Standardlösungen bei Software-Applikationen erhöhen die Transparenz, in dem sie die Optimierung des bestehenden Portfolios herbeiführen können. Dabei spielt die Strukturierung, Abwicklung, Überwachung und die Ver-

---

95 Quelle: *Picot, Arnold et al.*, Transparenz, 2007, S.77.
96 Vgl. *Picot, Arnold et al.*, Transparenz, 2007, S.77ff..

waltung von Informationen bzw. Produkten eine entscheidende, für die Wettbewerbsfähigkeit wichtige Rolle.[97]

3.3 Auswirkungen der Krise und Basel II auf die Rechnungslegung

Am 17.10.2008 sind nach vier Monaten der IAS 39 (Umgliederungsregeln für FI) und IFRS 7 (Angaben zu FI) die Änderungen in Kraft getreten, um die hohe Volatilität der Finanzinstrumente einzudämmen. Dabei geht es vor allem um die FV-Bewertungsvorschrift, die in die Kritik geraten ist. Die Änderungsauswirkungen haben bei der Deutschen Bank dazu geführt, dass im 3. Quartal 2008 das Vorsteuerergebnis um 825 Mio. EUR verbessert wurde und das Quartalsergebnis vor Steuern 93 Mio. EUR betrug. IAS 39 erlaubt für Finanzinstrumente zum einen die Bewertung nach der FV-Methode auf einem aktiven Markt, zum anderen erlaubt es den Ansatz zu fortgeführten Anschaffungskosten. Vor der Finanzmarktkrise haben steigende Marktpreise die Bewertung der FI nach der FV-Methode zu unrealisierten Gewinnen geführt und analog bei fallenden Marktpreisen zu unrealisierten Verlusten. FI, die zu kurzfristig zu Handelszwecken gekauft wurden, sind auf der Aktiva-Seite zum FV zu bewerten. Der Druck nach immer höheren Renditen in den künftigen Perioden, die Erwartungshaltung der Analysten und Investoren sowie die Vergleichbarkeit mit anderen Unternehmen zwingen Manager dazu, neue Belastungen zu Lasten der Unternehmen einzugehen. Infolge dessen wurden in noch risikoreichere Geschäfte investiert, um den Gewinn zu maximieren. Die FV-Methode führt zum entsprechenden Anstieg der Werte und wirkt somit prozyklisch aus. Entsprechend kommt es bei der FV-Bewertungsmethode im negativen Marktumfeld zu mitunter negativen Ausschlägen, die ebenfalls einen prozyklischen Effekt hat. Insgesamt haben die FV-Bewertung sowie der Vertrauensverlust der Anleger die hohe Volatilität der Werte zu Folge. Dagegen eliminiert die Methode der fortgeführten AK die Komponente „Vertrauen", wodurch die Komponenten „Zahlungsbedingungen" der Wertpapiere und „Bonitätsrisiken" primär im Vordergrund stehen. Der Wert des Vertrauensverlustes machte bei der Deutschen Bank in den entsprechenden Finanztiteln ca. 800 Mio. EUR aus. Eine längere Haltedauer begründete nicht den Wechsel in das Anlagevermögen, wo FI zu fortgeführten AHK bewertet wurden, um eine Ergebnisgestaltung zu erwirken. Diese Vorschrift wurde rückwirkend zum 01.07.2008 durch die

---

97 Vgl. *Doswald, Hugo*, Transparenz, 2008, S.13.

in Kraft getretene Gesetzesänderung aufgehoben mit der begründeten Annahme der Halteabsicht sowie das Vorliegen eines außergewöhnlichen Umstandes. Die EU-Kommission sowie der IASB sehen diesen außergewöhnlichen Umstand in der Finanzmarktkrise verwirklicht. Ein Wechsel der Bewertungsmethoden jedoch verstößt prinzipiell gegen das Gebot der Kontinuität[98], die eine seriöse Rechnungslegung befolgen muss. Offene und verdeckte Wahlrechte in den Bewertungsmethoden laden entsprechend zur Manipulation in den Bilanzen ein.[99]

Ein weiterer Handlungsspielraum in der Finanzmarktkrise ist die verstärkte Berücksichtigung der Risiken. Das Kreditrisiko ist eines der größten Risiken, die eine Bank zu berücksichtigen hat. Ein Ausfall von Krediten wird im Basel II-Kontext nach 90-tägigem Zahlungsverzug angenommen. Für die Ermittlung der Risikokennzahlen sind der erwartete Verlust, das ökonomische Kapital, der Value at Risk (VaR) sowie die Stresstests als Risikosteuerungsinstrumente geeignet. Durch eine frühzeitige und effektive Risikoerkennung kann eine Bank ihr Geschäft nachhaltig und ertragsorientiert steuern. Eine Bank kann dadurch vor allem die Optimierung der Risikostruktur von Kreditportfolios (Portfoliosteuerung und risikoadjustiertes Pricing) vornehmen.[100] Durch die Finanzmarktkrise ist vor allem das Marktwertrisiko hervorgetreten. Der Marktwert hat sich durch den Einfluss von Risiken von einem erwarteten Wert in eine unerwünschte Richtung entwickelt. Das Ausmaß des Risikos hängt insbesondere vom Ausmaß der Veränderung der jeweils relevanten Risikofaktoren. Die Verteilung der Marktwertänderungen zeigen, mit welcher relativen Häufigkeit bestimmte Marktwertänderungen zwischen Anfang und Ende der Halteperioden eingetreten sind. Das Ausmaß der Risikofaktoränderungen ist durch Simulationen (What-if-Analysen) zu ermitteln. Für die Szenarienentwicklung können unterschiedliche Simulationsarten wie z. B. die historische Simulationen, Monte-Carlo-Simulation oder auch der Varianz-Kovarianz-Ansatz herangezogen werden.[101]

---

98 Nach § 252 Abs. 1 Nr. 6 HGB ist die gewählte Bewertungsmethode beizubehalten, um eine Vergleichbarkeit zwischen den Perioden zu gewährleisten.
99 Vgl. *Theile, Carsten*, Krise der Rechnungslegung, 2009, S.21ff..
100 Vgl. *Henking, Andreas et. al.*, Kreditrisikomessung, 2006, S.1f..
101 Vgl. *Meyer zu Selhausen, Hermann*, Bank, 2000, S.307ff..

3.4 Die Rolle der Banken, Bankenaufsicht und der Politik

Die Bewältigung der Krise durch die Banken wird durch drei wesentliche Anforderungsgrundsätze geprägt:[102]

1. Verbesserung der Transparenz: Der Mangel an Informationen muss durch eine verbesserte Offenlegung der Bankposition und deren Risiken beseitigt bzw. vermindert werden.

2. Umfassende interne Risikoüberwachungs- und Stresstestprozesse: Erhöhte Aufmerksamkeit bei der Bewertung und dem Liquiditätsrisiko bei Banken.

3. Fokussierung auf ihre Kernkompetenz: Banken müssen sich stärker auf ihre traditionellen Vermittlungstätigkeiten wie z. B. die Vergabe von Krediten beschränken in Verbindung mit einer ausreichenden Risikoeinschätzung.

Der Bankensektor wird grds. von einer systemimmanenten Instabilität geprägt. Daraus ergibt sich, dass der Zusammenbruch einer systemrelevanten einzelnen Bank einen Dominoeffekt auslösen kann (und andere Kreditinstitute mit bedroht bzw. in den Abgrund zieht (was auch vorkam). Mitauslöser der Finanzmarktkrise war die Schwäche einer regelbasierten Bankenaufsicht, die Umgehung von Regelungsvorschriften sowie die Ausklammerung von systematischen und systemischen Risiken.[103] Banken haben aus der Krise Lehren gezogen und erheblichen selbstinduzierten Anreiz zur verstärkten Selbstregulierung. Als Konsequenz der Finanzmarktkrise haben sie ca. 50% ihres Börsenwertes verloren, daher werden auch die Anteilseigner daraufhin drängen, dass effizientere bankinterne Regeln u. a. bzgl. des RM eingeführt werden. Ebenso agieren Rating-Agenturen vorsichtiger und Bankkunden kaufen nur Finanzprodukte, die sie wenigstens im Ansatz auch verstehen.[104]

Die Regulierung und Aufsicht von Finanzmarktintermediäre ist notwendig, um Finanzmarktkrisen vorzubeugen bzw. die aktuelle Krise zu überwinden. In Deutschland nehmen die Dt. Bundesbank sowie die BaFin die Aufgabe der Regulierung und Aufsicht

---

102 Vgl. *Profumo, Allessandro*, Subprime-Krise, 2008, S.9.
103 Vgl. *Wendels-Hartmann, Thomas*, Bankenaufsicht, 2009, S.542ff..
104 Vgl. *Fendel, Ralf/Frenkel, Michael*, Subprime-Krise, 2009, S.84.

gem. §§ 6 und 7 KWG wahr, um mehr Transparenz im Finanzmarkt zu erzielen. Im Jahre 2008 wurde eine klare Aufgabenteilung zwischen den beiden Instituten auf den Weg gebracht, damit die Leistungsfähigkeit der Finanzaufsicht gewährleisten werden kann. Die beiden Akteure unterliegen jedoch stark dem gesetzlichen Regulierungswerk und die dort existierenden außerbilanziellen Spielräume ermöglichen die Aushebelung der Effektivität der Kontrollmöglichkeiten.[105] Die Kooperation zwischen den beiden Institutionen wird detailliert in der Aufsichtsrichtlinie geregelt. Die Bankenaufsicht hat außerdem zwei weitere Aufgaben zu erfüllen. Zum einen muss sie die Sparer vor Verlusten schützen (Fürsorgepflicht) und zum anderen muss sie verhindern, dass sich die Probleme einzelner Banken sich zu einer Krise des gesamten Bankensektors entwickeln. Eine Ausweitung der Krise erfolgt, wenn ein systemisches Risiko, d. h. ein Risiko für das gesamte Bankensystem besteht. Die Regulierung der Kreditinstitute ist notwendig, weil diese aufgrund des hohen Verschuldungsgrades einen Anreiz entwickeln können, riskante Geschäftspolitik zu betreiben.[106] Um die strukturellen Probleme des Bankensystems unter Kontrolle zu bringen, sind die nachfolgenden fünf Ansatzpunkte für Reformen zwingend notwendig (s. Tabelle 5):

Fünf Ansatzpunkte für die Strukturreform in Banken	
1	Vertrauen stärken durch informieren der Öffentlichkeit.
2	Überdenken der eigentlichen Aufgabe von Landesbanken als öffentlich-rechtliche Institutionen.
3	Einführung eines leistungsfähigen Frühwarnsystems.
4	Durchsetzung international einheitlicher Bewertungsstandards.
5	Stärkung der internationalen Finanzmarktarchitektur.

Tabelle 5: Fünf Ansatzpunkte für Strukturreform in Banken[107]

---

105 Vgl. *Schrooten, Mechthild*, Bankensektor, 2008, S.80f..
106 Vgl. *Wendels-Hartmann, Thomas*, Bankenaufsicht, 2009, S.541f..
107 Quelle: in Anlehnung an *Schrooten, Mechthild*, Bankensektor, 2008, S.81f..

Die Ansatzpunkte drei und vier sind näher zu betrachten. Ein Frühwarnsystem ist sinnvoll und sollte an die Arbeiten des Internationalen Währungsfonds und der Dt. Bundesbank zur Stressresistenz anknüpfen. Durch die Komplexität der Finanzprodukten und ihren spezifischen Risiken sind sowohl Einzelindikatoren als auch sog. Composite Indicators als geeignete Messinstrumente heranzuziehen. Im Rahmen eines einheitlichen Bewertungsstandards sind angemessene Regulierungen erforderlich, die eine Bilanzierung ermöglichen, ohne das Volatilitäten im höheren Maße sich bemerkbar machen und zu einer Vertrauenskrise führen. Durch die internationale Vereinheitlichung könnte sich die Leistungsfähigkeit von Rating-Agenturen erhöhen.[108]

Die größte Herausforderung für die Politik ist, dass sie nicht als Spieler sondern überwiegend als Regelgeber und Schiedsrichter in der Öffentlichkeit auftreten muss, um einen sachgerechten Wettbewerbsrahmen zu etablieren. Des Weiteren muss die Politik durch Marktdisziplin und Aufsicht eine Abwärtsspirale der negativen Effekte verhindern. Unsolide Finanzintermediäre müssen bspw. durch höhere Kapitalkosten abgebremst werden.[109] Das gleiche gilt für unfaire Wettbewerber, welche sich aus Staatsfonds bedienen oder aber ganz einer Regierung gehören, welche die Grundregeln der Marktwirtschaft nicht akzeptieren.

4 Aktuelle Anforderungen an die Rechnungslegung und IT im Bankenumfeld

Die banktypischen IT-Systeme müssen auf ihre Tauglichkeit zur Risikominimierung sowie Umsetzbarkeit neuer regulatorischer Anforderungen geprüft werden. Kapitel vier spezifiziert die neuen Anforderungen hinsichtlich des Bewertungs- und Bilanzierungssystems und die erweiterte Risikoeinbeziehung im Sinne des Basel II-Regelwerks. Im Vordergrund der Analyse stehen das Datenmanagement und die IT-Infrastruktur in Banken. Hier sollen IT-Lösungsansätze gezeigt werden, wie das bestehende Datenmanagement, die IT-Architektur und Geschäftsprozesse optimal gestaltet werden können.

---

108 Vgl. *Schrooten, Mechthild*, Bankensektor, 2008, S.82.
109 Vgl. *Hüther, Michael/ Jäger, Manfred*, Verantwortung, 2009, S.22.

4.1 Status Quo der Rechnungslegung im Zuge der Publizität

§ 297 Abs. 1 HGB schreibt vor, dass Unternehmen eine Segmentberichterstattung als fakultativen Bestandteil des Konzernabschlusses veröffentlichen müssen. Der Inhalt wird durch den DRS 3 hinreichend vorgegeben mit dem Ziel, Informationen über die wesentlichen Geschäftsfelder und ihrem Umfeld in einem Unternehmen zu übermitteln. Neben der Vermögens-, Finanz- und Ertragslage stehen auch die Chancen und Risiken im Mittelpunkt der Berichterstattung. Die Segmentberichterstattung orientiert sich an die operativen Segmente sowie an der internen Organisations- und Berichtsstruktur.[110] Die Ausgangsbasis bildet das sog. Management Approach, welches von der Orientierung an intern verwendeten Steuerungs- und Berichtsgrößen ausgeht und damit, wie das Management die Geschäftsbereiche organisiert hat.[111] Durch die Finanzmarktkrise hat die Bedeutung von umfassenden Reporting stark zugenommen, um die Transparenz gegenüber den Investoren zu erhöhen.

Eine besondere Schwachstelle stellt der IFRS 7 dar, der Angaben zu FI enthält. Dabei werden weitgehend nur auf Risiken aus FI eingegangen, operationelle Risiken sind jedoch nicht vorgesehen. IFRS 7.31 fordert aber für die FI-Angaben die Berücksichtigung der Art und das Ausmaß von Risiken, die sich aus den Transaktionen ergeben. Im Vergleich dazu gibt es im HGB Angabepflichten zu Risiken im Lagebericht gem. §315 HGB. Eine Erweiterung der Berichtspflicht wurde jedoch durch das BilMoG eingeführt, so dass im Anhang weitere Angaben gemacht werden müssen, u. a. zu dem zu Zeitwert bewerteten FI. Die Grundsätze der Risikoberichterstattungen werden allgemein im DRS 5 definiert und umfasst auch die finanziellen Risiken, die von IFRS 7 erfasst werden.[112] Die Risikoklassen werden in Anlehnung an die bilanzielle Gliederung erstellt. Mittelfristig jedoch sollten Institute überlegen, ob z. B. basierend auf Geschäftssegmente nicht effektivere und damit noch transparentere Darstellung der Risiken ermöglicht werden und ebenso eine effizientere Nutzung von internen Reportings möglich ist. Durch die Basel II-Regelungen werden immer vielfältigere Datenbestände zur Risikosteuerung generiert, die zukünftig auch für die Berichterstattung nach IFRS 7 von Nutzen sein

---

110 Vgl. *Bieg, Hartmut/ Kussmaul, Heinz*, Externes, 2009, S.430.
111 Vgl. *KPMG*, IFRS, 2008, S.2f..
112 Vgl. *Wagenhofer Alfred*, Internationale RL, 2009, S.497ff..

können.[113] Viele Institute stehen der Herausforderung gegenüber, eine Vielzahl von internen und externen Kennzahlen, Methoden und Reports zu bündeln. Durch die ständigen Änderungen im Aufsichts- und Handelsrecht durch u. a. Basel II, MaRisk, SolvV, IFRS, BilMoG, etc. entstehen Änderungsbedarfe in IT-Systemen. Die Ergebnisse der Komplexität sind oftmals parallele Reporting- und Steuerungswelten sowie divergierende Steuerungsimpulse. Die Konsequenz aus den unterschiedlichsten Anforderungen ist eine weit gehende fachliche und methodische Harmonisierung des internen und externen Reportings.[114] Ein weiterer Grund ist die steigende Internationalisierung der Rechnungslegung, die insbesondere auf die Informationsbedürfnisse der Investoren ausgelegt ist.[115] Banken müssen die neuen regulatorischen Anforderungen schnellstmöglich in die Gesamtbanksteuerung und das Reporting integrieren. Ebenso müssen aktuelle Neuerungen auf der Ebene des Ergebnisreports, wie z. B. die Segmentberichterstattung, Lageberichterstattung und das Performance Reporting nach IFRS ausreichend berücksichtigt werden. Der Harmonisierungsbedarf wurde insbesondere durch die Gesetzgebung Ende 2005 ausgeweitet. Unter den neuen Regelungen fällt die Umsetzung der Richtlinien nach Basel II sowie diverse Änderungen im IFRS-Umfeld. Anforderungen, die bspw. sich auf die Umsetzung von Teilsegmenten von Basel II (Säule 2), ICAAP (Internal Capital Adequacy Assessment Process) oder dem ED 8 (Management-Approach Ansatz) beziehen, können durch vorhandene Methoden und Reports gedeckt werden. Problematisch hingegen sind die Anforderungen, die den Stresstest bei Banken oder IFRS 7 (Angaben zu Finanzinstrumenten) betreffen. Hier müssen die Methoden und Reports erweitert werden. Andere Teilsegmente von Basel II (Säule 1) oder IAS 39 (Bilanzierung von FI) dagegen stellen neue Anforderungen dar und erfordern völlig neue Methoden und Reports. Dadurch steigt die Komplexität der Kennzahlen- und Reportingsysteme enorm an. Das Zielsystem zur Lösung ist eine integrierte Gesamtbanksteuerung, um die Transparenz der Reports zu erhöhen.[116]

---

113 Vgl. *App, Jürgen G.*, Risikoberichterstattung, 2009, S.88.
114 Vgl. *Herrmann, Michael/ Gabriel, Jens*, Harmonisierung, 2006, S.50f..
115 Vgl. *Wagenhofer Alfred/ Ewert, Ralf*, Interne, 2008, S.6.
116 Vgl. *Herrmann, Michael/ Gabriel, Jens*, Harmonisierung, 2006, S.50f..

4.2 Aktuelle regulatorische Anforderungen an das Bewertungssystem der Bilanzierung und an die Risikobetrachtung

1. Die Banken müssen die Finanzinstrumente herausfiltern, die unter die FV- oder AHK-Regelungen fallen und evtl. eine Neubewertung durchführen. Dabei sind eventuelle Neubewertungsrücklagen aufzulösen. Die Umkategorisierungen sind in dem Abschluss zu kennzeichnen und eine gesonderte Begründung wegen des inaktiven Marktes anzuzeigen.

   Aus technischer Sicht erfordern die Änderungen nach IAS 39 eine Erweiterung von Datenbanken (DB), da die Parameter für FV-Bewertungen nur in den Handelssystemen und Handelskontrolle verfügbar sind. Die Bilanzbuchhaltung dagegen liefert nur Anschaffungswerte.[117]

2. Die aktuelle Diskussion um eine Bad Bank führt dazu, dass die Banken die betroffenen Bilanzposten auf „faule Wertpapiere" untersuchen und nach festgelegten Kriterien ausbuchen bzw. an Dritte übertragen. Die bilanziellen Auswirkungen müssen gemäß den Transparenzanforderungen veröffentlicht werden.

3. Kreditrisiken müssen ausführlich analysiert und publiziert werden. Der zum Teil massive Wertverlust von verschiedenen Anlageformen führte zu Verlusten im EK. Die Verluste können durch das Hedge Accounting[118] gem. IAS 39 mit Hilfe der Absicherung über Kreditderivate abgefedert und erfolgsneutral in der GuV verbucht werden.

4. Die Verbriefungen sind im Rahmen der Finanzmarktkrise in die Kritik geraten. Die Anforderung liegt in der erhöhten Transparenznachfrage des betreffenden Portfolios. Das Ziel ist die Rückgewinnung des Vertrauens aller Investoren. Die Berichterstattung muss in der Hinsicht vollkommen neu gestaltet und geeignete Frühwarnsysteme eingesetzt werden.

---

117 Vgl. *Erben, Roland F.*, Behandlung, 2008, S.282.

118 Vgl. hierzu auch die Ausführungen von *Wagenhofer Alfred*, Internationale RL, 2009, S.348ff.: IAS 39 enthält Bewertungsvorschriften für Sicherungsgeschäfte, bei dem ein Grundgeschäft und ein Sicherungsinstrument eine Sicherungsbeziehung bilden.

5. Die Finanzmarktkrise hat eine Reihe von Risiken aufgeworfen, die zu negativen Effekten in den Abschlüssen geführt haben. Im Rahmen der Gesamtbanksteuerung ist eine Simulation im Rahmen geeigneter Stresstests durchzuführen, um möglichst die wahrscheinlichsten Worst-Case Szenarien abzubilden.

6. Infolge des Zusammenbruchs des Interbankenmarktes durch den Vertrauensverlust untereinander sind Banken im Zugzwang, die eigene Liquidität sicherzustellen. Die gestiegenen Refinanzierungskosten müssen Banken im Blick haben, um nicht in Schwierigkeiten zu geraten. Die Anforderung liegt in der Sicherstellung des Interbankenverkehrs durch eine geeignete Überwachung in der Geldpolitik und eine effiziente Liquiditätssteuerung, um ein Bank Run zu verhindern.

7. Die Basel II–Richtlinien erzwingen bei erhöhten Risiken die EK-Unterlegung entsprechend zu erhöhen. Dies wirkt sich insbesondere bei den Banken aus, die eigene interne Berechnungsmodelle herangezogen haben. Dabei ist kritisch zu prüfen, ob der IRBA keine negativen Effekte auf die Bilanz der Bank hat.

Jede singuläre Forderung ist auf eine eventuelle Verlusthöhe auf Grundlage der Durchschnittswerte zu schätzen, mit mind. siebenjährigen Zeitreihen sowie zusätzlich müssen vorhandene Sicherheiten regelmäßig neu bewertet werden. Dadurch lässt sich die zentrale Messgröße für Schäden nach Basel II, das sog. Loss Given Default (LGD), bestimmen.[119]

8. Durch die Zunahme von Regularien und durch ineffektives Risikomanagement entstehen zunehmend höhere Anforderungen im Rahmen der externen Meldepflichten. Die Systeme unterstützen dabei neue interne Prozesse und dienen der Bewältigung von neuen Aufgaben in der Bank.[120] Die Anforderung liegt hier in der lückenlosen Aufdeckung von potenziellen Risiken. Insbesondere stehen die operationellen Risiken im Vordergrund, da diese relativ schwierig zu quantifizieren sind.

---

119 Vgl. *Erben, Roland F.*, Behandlung, 2008, S.284.
120 Vgl. *Meyer zu Selhausen, Hermann*, Bank, 2000, S.187.

Auch hier müssen in technischer Hinsicht die Datenbanken im Bereich interner Risikodaten, durch die gestiegenen Anforderungen für die EK-Unterlegung erweitert werden.[121]

4.3 Eine integrierte Informationslogistik als Grundlage zur betriebswirtschaftlichen Effizienzsteigerung

Die Informationslogistik umfasst die Planung, Steuerung, Durchführung und Kontrolle aller entscheidungsrelevanter Datenflüsse sowie die Speicherung und Aufbereitung dieser Daten. Das Ziel der Informationslogistik ist die Unterstützung und Sicherstellung sämtlicher Arten von Entscheidungen auf allen Hierarchieebenen im Unternehmen. Durch die Informationslogistik werden relevante Informationen zur Befriedigung der Informationsbedarfe bereitgestellt. Ihre Hauptfunktion ist die Planung, Steuerung, Durchführung und Kontrolle von Datenflüssen.[122] Die Effizienz bezieht sich hierbei vor allem auf die Optimierung des Informationsprozesses in Bezug auf die Zeit und Kosten.[123] Der Wert von Informationen ergibt sich aus der Gegenüberstellung des Nutzens für die Problemlösungs- und Entscheidungsprozesse und den Kosten für die erforderlichen Informationsbeschaffungs- und -produktionsaktivitäten. Das Ziel eines effektiven Informationsmanagements ist die Annäherung zwischen dem objektiven und subjektiven Informationsbedarf.[124] Banken müssen durch die gestiegenen Regularien zum einen ihre vorhandene IT-Infrastruktur anpassen sowie neue Prozesse der Bewertung, Interpretation und adressengerechten Verteilung der Daten entwickeln. Die Anpassungen der IT-Systeme kann von der Integration bestehender Anwendungen[125] bis hin zur Integration von vollkommenen neuen Anwendungen in die bestehende Infrastrukturlandschaft reichen. Die umfassende Anpassung der Informationslogistik, d. h. die Bereitstellung der richtigen Informationen, in der richtigen Qualität, Menge und Aufbereitung aus den richtigen Kanälen für die Adressaten stellt eine enorme Herausforderungen bzw. Anpassungsaktivitäten innerhalb der Banken dar. Die Veränderung der bestehenden Prozesse

---

121 Vgl. *Erben, Roland F.*, Behandlung, 2008, S.282.

122 Vgl. *Winter, Robert et. al.*, St. Galler, 2008, S.2ff..

123 Vgl. *Moormann, Jürgen/ Schmidt, Günter*, Finanzbranche, 2007, S.195.

124 Zu Informationsbedarfe vgl. hierzu auch die Ausführungen von *Picot, A. et. al.,* Unternehmung, 2003, S.68ff.: Informationsbedarf ist die Art, Menge und Qualität der Informationen, die eine Person zur Erfüllung ihrer Aufgaben in einer bestimmten Zeit benötigt.

125 Anm. d. Verf.: Der Begriff *Anwendungen* wird synonym für *Softwareapplikationen* verwendet.

resultiert aus einer veränderten Informationsnachfrage, die eine Modifikation des bestehenden IT-Systems unumgänglich machen. Aus dem computergestützten Teil des Informationssystems ergeben sich zwei essentielle Anforderungen. Erstens stellt sich die Frage nach der Effektivität des Systems. Hierbei muss geprüft werden, inwieweit sich das bestehende System durch die zusätzlichen Aufgaben verändert. Zum Zweiten muss die Effizienz des Anpassungsprozesses im Auge behalten werden, d. h. die Adaptation muss nach dem Wirtschaftlichkeitsprinzip auf effiziente Weise durchgeführt werden. Daraus folgt, dass neben der Minimierung der Kosten auch der Zeitbedarf den Rahmen nicht sprengen darf, denn ggf. hängt die Überlebensfähigkeit des Unternehmens an diesen Anforderungen ab. Die Kosten- und Zeitbetrachtung können u. U. einen Zielkonflikt darstellen.[126]

Eine eventgesteuerte, automatisierte Informationslogistik in der Bank kann kurzfristig zusätzliche Umsätze durch die sofortige Reaktion auf ein auffälliges Kundenverhalten generieren. Dafür sind jedoch eine zeitnahe Datenintegration und Analyse erforderlich. Weiterhin ist ein IT-Alignment zwischen strategischen und operativen Entscheidungsprozessen für eine Bank essentiell. Dabei muss eine integrierte IL zu einer einheitlichen Datenbasis auf allen Ebenen des Managements (strategische, operative und taktische Ebene) führen, um eine fundierte Entscheidungen fällen zu können. Zur Unterscheidung der Ebenen und ihren Zweck ist die nachfolgende Tabelle 6 eingefügt. Eine integrierte IL stellt über das Alignment sicher, dass alle Entscheidungen auf denselben Daten basieren.[127] Genau hier liegt die Herausforderung eines einheitlichen Informationssystems, die Individualität der Entscheidungsfindung adäquat abzubilden, denn nicht jede Entscheidungsebene benötigt die gleichen Informationen (subjektiver vs. objektiver Informationsbedarf).[128] Diese eventgesteuerte Entwicklung erfolgt auf der fünften Stufe des BI-Reifegradsmodells, in der Daten gut strukturiert sind und die Geschäftsdaten mit dem Wissensmanagement verknüpft werden. Der ETL-Prozess (Extraction, Transfor-

126 Vgl. *Jung, Reinhard*, Architekturen, 2006, S.2ff..
127 Vgl. *Schmaltz, Moritz/ Töpfer, Jochen*, Nutzenpotenziale, 2008, S.164ff..
128 Vgl. *Hank, Wolfgang/ Keller, Günther/ Lindemann, Wolfgang*, Reporting, 2009, S.604f..

mation, Loading) wird über Ereignisse angestoßen, was wiederum einen zeitnahen Datenabgleich ermöglicht.[129]

	Strategisches BI	Taktisches BI	Operationales BI
Fokus	Kontrolle der Erreichung langfristiger Geschäftsziele	Verwaltung taktischer Initiativen zur Unterstützung der strategischen Ziele	Verwaltung und Optimierung täglicher Geschäftsoperationen
Benutzer	Geschäftsführung und Geschäftsanalysten	Bereichsleiter	Linienmanager
Zeitraum	Über Monate und Jahre	Über Tage, Wochen und Monate	Im Tagesverlauf
Daten	Historische Leitkennzahlen	Historische Messwerte	Echtzeitmesswerte
Verarbeitete Datenmenge	Hoch	Hoch	Gering
Ergebnismenge	Gering	Gering	Hoch
Komplexität	Hoch	Gering	Hoch

Tabelle 6: Überblick strategische, taktische und operative BI[130]

Das Unternehmen TeraData bezeichnet die Zusammenführung von operationalen und strategischen Intelligenzen der verschiedenen Unternehmensebenen als Active Enterprise Intelligence (AEI), welche die Vorgehensweise der klassischen BI ablöst.[131] Dieser AEI-Strategieansatz ist durch die Finanzmarktkrise um eine taktische Intelligenz zu erweitern (AEI+, wobei das Pluszeichen die Erweiterung symbolisiert), um ein möglichst ganzheitliches Bild der Geschäftsvorfälle zu erhalten. Gerade Geschäftsvorfälle aus der taktischen Ebene können sich teilweise zu negativen Effekten subsumieren und einen großen Schaden verursachen, wie z. B. die Schäden von den Investmentbankern Kerviel und Leeson. Aufgrund der unterschiedlichen Informationsempfänger erfolgt eine Tren-

---

129 Vgl. *Schmidt, Volkmar*, Analyse, 2008, S.18.
130 Quelle: *Schmidt-Volkmar, Pascal*, Analyse, 2008, S.10.
131 Vgl. *Töpfer, Jochen*, AEI, 2008, S.4.

nung der verschiedenen BI-Ebenen. Die Daten müssen in unterschiedlicher Granularität dem Empfänger gleichzeitig zur Verfügung gestellt werden. Das Ziel eines integrierten BI-Systems ist der Aufbau einer einheitlichen Datenbasis ohne nennenswerte Redundanzen. Für die automatisierte Unterstützung von strategischen und operativen Entscheidungen im Analyseprozess sind ADWH (s. Kapitel 4.5.3.3) optimal geeignet.

4.4 Informationsintegrität als Herausforderung

Die wichtigsten Maßnahmen bei der IT-Sicherheit in Netzen sind Zugriffskontrollen, kryptografische Verfahren und Firewalls. Zugriffskontrollen dienen dazu, die Sicherstellung des unbefugten Zugriffs auf Geräte, Daten und Programme zu gewährleisten. Das kryptografische Verfahren schützt die Vertraulichkeit, Korrektheit und die Rechtsverbindlichkeit der übertragenen Informationen. Die Firewall als Sicherheitssystem verhindert das Eindringen von Benutzern aus externen Netzen in das firmeninterne Netzwerk. Dabei übernimmt sie die Aufgabe der Zugriffsprotokollierung.[132] Ein Datenbankmanagementsystem (DBMS) ermöglicht die einheitliche Beschreibung und sichere Bearbeitung einer Datenbank. Sie garantiert u. a. die Korrektheit der Daten durch die Überprüfung anhand von Konsistenzregeln, die Sicherheit der Daten bei z. B. fehlerhaften Abläufen einzelner Anwendungen und den Schutz der Daten vor unberechtigten Zugriffen und Manipulationen, die seitens der Gesetzgebung (z. B. MaRisk) auch gefordert werden.[133] Durch das steigende Datenvolumen in Banken hat die Sicherheit der Daten höchste Priorität, um Datendiebstahl sowie Missbrauch, wie z. B. in Luxemburg geschehen (Steuerhinterziehungsfall), zu vermeiden.

4.5 Datenmanagement und IT-Infrastruktur in Banken

Die Anforderungen an die IT werden insbesondere definiert durch die ständig steigenden Datenkomplexität und Datenvolumen.[134] Daten, Informationen und Wissen sind die wichtigsten Ressourcen für eine Unternehmung, die geplant, organisiert und verwertet werden müssen.[135] Analytische Informationssysteme müssen operative und dispositive

---

132 Vgl. *Stahlknecht, Peter/ Ulrich, Hasenkamp*, Einführung, 2005, S.489ff..
133 Vgl. *Bodendorf, Freimut*, Daten, 2006, S.7.
134 Vgl. *Lenhardt, Marco/ Gudjons, Thorsten/ Stork, Peter*, Banksteuerung, 2006, S.71.
135 Vgl. *Bodendorf, Freimut*, Daten, 2006, S.1f..

Daten sammeln und entsprechend aufbereiten. Das Wissen ist die Grundlage für das Management, fundierte Entscheidungen im Geschäftsalltag zu fällen.

4.5.1 Anforderungen an die Informationsqualität von Daten

Investoren können nur auf Basis transparenter, vollständiger und qualitätsgesicherter Daten die Wirkungen von z. B. innovativer Verbriefungen beurteilen und bewerten. Das Data Quality Management (DQM) erhält im Lichte der Finanzmarktkrise eine strategische Dimension. Die Datenqualität ist nur sichergestellt, wenn im Vorfeld alle potentiellen Fehlerquellen in der Datenaufbereitung konsequent ausgeschlossen werden. Fehlerpotenziale werden vor allem durch manuelle Eingaben begünstigt. In Banken werden durch die vielfach dezentrale Eingaben von Daten sowie durch historisch gewachsene IT-Banksysteme eine suboptimale Datenqualität erreicht. Infolge dessen muss zur Qualitätssicherung ein mehrstufiger Kontrollprozess eingeführt werden, um den erforderlichen und erwünschten Qualitätsstandard zu erreichen.[136] Als Kostentreiber gilt mangelnde Datenqualität, die zu ineffizienten Nutzung von Informationen führen. Die Herausforderung durch die rasant zunehmenden Datenmaterialien (vor allem in Banken) liegt darin, die Informationen so aufzubereiten, dass ein möglichst komplettes Bild aller Teileinheiten und Prozesse in Echtzeit abgebildet werden kann. Der Vertrauensverlust in die eigenen Informationen kann zu weit reichenden, rechtlichen und strategischen Konsequenzen führen.[137] Das logische und sinnvolle Anordnung der Datenbereitstellung sowie das kritische Hinterfragen, welche Daten objektiv entscheidungsnotwendig sind, muss das Ziel einer jeden Bank sein.[138]

IFRS und Basel II benötigen teilweise Daten die bisher noch nicht erfasst bzw. gesammelt wurden. Als Beispiel ist das Scoring/Rating zu nennen, die entscheidende Informationen zur Beurteilung von Bonität enthalten. Neben der zuvor erwähnten Anforderung zur Erweiterung operativer Daten werden weitere Daten zur operativen Messung und Steuerung operationeller Risiken erstmalig erhoben, die neben ihrer eigentlichen regulatorischen Bestimmungen auch z. B. Daten zur Analyse von Prozesskosten im dispositiven Bereich liefern. Die Grundlage hierfür bilden Basel II und der Sarbanes-Oxley

---

136 Vgl. *Doswald, Hugo*, Transparenz, 2008, S.11f..
137 Vgl. *Lochmaier, Lothar*, Echtzeitanalyse, 2008, S.68.
138 Vgl. *Hank, Wolfgang/ Keller, Günther/ Lindemann, Wolfgang*, Reporting, 2009, S.606.

Act[139]. Die Herausforderung an die Bank-IT ist, die zusätzlichen Systeme und die neuen Daten schnell, flexibel und konsistent in die bestehende Controlling-Architektur zu integrieren. Diese Veränderungen müssen schnell in die operativen und dispositiven Systeme umgesetzt werden. Die differenzierte Betrachtung zwischen operativen und dispositiven Funktionalitäten führt zwangsläufig in zwei Systemdomänen. Kerngeschäftsanwendungen übernehmen hierbei steuerungsbezogene Aufgaben. Die Komplexität der jeweiligen Systeme werden somit auf die jeweilige Kernfunktion reduziert, welche die Abhängigkeiten vermindert und die Flexibilität ermöglicht. Durch die Trennung können Projektrisiken sowie die Projektkosten reduziert werden und die Systemdomänen werden deutlich reaktionsfähiger.[140] Eine Unterscheidung zwischen operativen und dispositiven Daten zeigt die nachfolgende Tabelle 7:

	Charakteristika operativer Daten	Charakteristika dispositiver Daten
Ziel	Abwicklung der Geschäftsprozesse	Informationen für das Management, Entscheidungsunterstützung
Ausrichtung	Detaillierte, granulare Geschäftsvorfalldaten	Verdichtete, transformierte Daten, umfassendes Metadatenangebot
Zeitbezug	Aktuell, zeitpunktbezogen, auf die Transaktion ausgerichtet	Unterschiedliche, aufgabenabhängige Aktualität, Historienbetrachtung
Modellierung	Altbestände oft nicht modelliert (funktionsorientiert)	Sachgebiets- oder themenbezogen, standardisiert und endbenutzertauglich
Zustand	Häufig redundant, inkonsistent	Konsistent modelliert, kontrollierte Redundanz
Aktualisierung	Laufend und konkurrierend	Ergänzend, Fortschreibung abgeleiteter, aggregierter Daten
Analysen	Strukturiert, meist statisch im Programmcode	Strukturiert, dabei Ad hoc-Analysen für ständig wechselnde Fragestellungen und vorgefertigte Standardauswertungen für periodische Analysen

Tabelle 7: Unterschied zwischen operativen und dispositiven Daten[141]

---

139 Anm. d. Verf.: US-Bundesgesetz zur Verbesserung der Verlässlichkeit der Unternehmenspublizität, um das Vertrauen der Anleger zu stärken.

140 Vgl. *Lenhardt, Marco/ Gudjons, Thorsten/ Stork, Peter*, Banksteuerung, 2006, S.70.

141 Quelle: *Schmidt-Volkmar, Pascal*, Analyse, 2008,S.10.

Der Umfang von IFRS-Daten ist gegenüber dem HGB umfangreicher und ermöglicht tiefere Einblicke in bestimmte Sachverhalte. Aus der Verfügbarkeit dieser zusätzlichen Daten müssen Banken Zusatzinformationen erstellen, prüfen und dann veröffentlichen lassen, wobei das Prüfen zum Teil durch externe Dritte erfolgt. Die dabei entstehenden direkten Kosten und ggf. Wettbewerbsnachteile sind dann von den Banken und letztlich von den Anteilseigner zu tragen.[142] Der IFRS/IAS sind evolvierende Standards, die eine permanente, effiziente Anpassung der Veränderung im Rechnungswesen in struktureller Hinsicht erfordert.[143]

Auch die undurchsichtige Komplexität der Verbriefungen, die zur Subprime-Krise geführt haben, erfordern nicht nur die Vereinheitlichung der Regulierung moderner Finanzmarktprodukte, kurzfristige Liquiditätsbereitstellung und Insolvenzabwendung, sondern auch die Risikoprävention durch eine verbesserte Datenlage.[144] Die Informationsqualität entscheidet zwischen Erfolg und Misserfolg einer Unternehmung. Daten müssen so visualisiert werden, dass sie als fundierte Grundlage für geschäftspolitische Entscheidungen herangezogen werden können. Die Integration aller zur Verfügung stehender Systeme und Daten ist das Ziel für eine konsistente, gehaltsvolle Informationsversorgung einer Bank. Die Kunst liegt darin, einerseits die historisch gewachsenen IT-Struktur zu erhalten und zum anderen die heterogene Datenlandschaft miteinander zu verbinden. Die Informationsqualität im Zusammenhang mit den Entscheidungen führt zu Qualitäts-, Zeit- und Selektionsvorteilen.[145]

Die Struktur- und Stammdaten sind in eine integrierte Gesamtbanksteuerung zusammen zu führen, um eine konsistente Informationsbasis für das Reporting- und Rechnungswesen aufzubauen. Weitere Anforderungen bilden die Anwendung von einheitlichen analytischen Methoden (z. B. Bewertung) und Wertansätze (z. B. AHK oder FV), die unabhängig vom fachlichen Umfeld angewendet werden müssen.[146]

---

142 Vgl. *Wagenhofer Alfred,* Internationale RL, 2009, S.561f..

143 Vgl. *Färber, Günther/ Kirchner, Julia,* Analyzer, 2004, S.158.

144 Vgl. *Erber, Georg,* Verbriefungen, 2008, S.668.

145 Vgl. *Grudzien, Waldemar/ Varahram, Arastoo,* Data, 2007, S.70.

146 Vgl. *Geuss, Ulrich et. al.,* IT-Architekturen, 2004, S.28.

4.5.2 Datenmodellierung aus banktechnischer Sicht

Für eine datenorientierte Beschreibung der Objekte werden zu Abstraktionszwecken Datenmodelle[147] herangezogen. Durch ein einheitliches und konsistentes Datenmodell sowie der entsprechenden Umsetzung in den Datenbanken sind verschiedene Sichtweisen und Zugriffe dieser Daten möglich.[148] Das konzeptionelle Datenmodell basiert auf eindeutige Fachbegriffe aus den Fachabteilungen und beinhaltet typenorientierte (keine wertorientierte) Aussagen. In der Praxis wird zwischen einem relationalen und einem objektorientierten Datenmodell unterschieden.[149]

Das *relationale Datenmodell* besteht aus Relationen, die aus mehrdimensionalen Tabellen entnommen werden können. In den Tabellen existieren eine feste Anzahl von Spalten und eine beliebige Anzahl von Zeilen. Jeder Spalte wird ein Attribut zugeteilt. Die Zeilen (Tupel bzw. Datensatz) charakterisiert ein sog. Entity mit seinen Attributen. Als Beispiel für ein Entity mit Attributen dient ein bestimmter Kunde mit seiner Adresse, Telefonnummer, usw. . Jedes Entity kann eindeutig über den sog. Primärschlüssel identifiziert werden (z. B. der Kunde über seine Kundennummer). Mit Operationen aus der Relationenalgebra können die Relationen manipuliert und verknüpft werden. Das Ergebnis ist stets eine neue Relation bzw. Tabelle. Durch Projektion, Selektion und kartesisches Produkt als Operationsformen können neue Tabellen erstellt werden. Die Projektion erlaubt die Ausblendung von Spalten aus den Relationen und gibt einen eingeschränkten Datensatz der Relation aus. Die Selektion extrahiert bestimmte Zeilen aus Relationen nach Vorgabe einer bestimmten Wertebedingung. Das kartesische Produkt verknüpft zwei oder mehrere Tabellen miteinander, in dem alle Zeilen der einen Tabelle mit allen Zeilen der anderen Tabelle kombiniert werden. In der Praxis jedoch kommt meist nur das eingeschränkte kartesische Produkt (erst kartesisches Produkt und dann die Selektion) zum Einsatz, da Tabellen auch nach semantischen Gesichtspunkten sinnvoll kombinierbar sein müssen. Die Manipulation der Tabellen erfolgt meist über SQL oder Programme. Das *objektorientierte Datenmodell* erlaubt die gemeinsame Betrach-

---

147 Vgl. hierzu auch die Ausführungen von *Bodendorf, Freimut*, Daten, 2006, S.8: Es handelt sich allgemein um einen Formalismus und Notation zur Beschreibung von Datenstrukturen und eine Menge von Operationen, die zum Manipulieren und Validieren der Daten verwendet werden.

148 Vgl. *Fink, Andreas/ Schneidereit, Gabriele/ Voß, Stefan*, Grundlagen, 2005, S.105.

149 Vgl. *Bodendorf, Freimut*, Daten, 2006, S.8ff..

tung von Daten und Methoden (Funktionen). Diese Modellierung zerlegt die Anwendung nicht in die kleinsten Teile, sondern es werden Beschreibungsmittel bereitgestellt, die Gegenstände des Anwendungsgebietes als Ganzes darstellen.[150] Die objektorientierte Datenmodellierung wird in dieser Arbeit nicht näher betrachtet, da eine Vorherbestimmung von Objekten im Zuge der stetigen Veränderungen der Regularien und Standards nicht möglich ist und diesbezüglich eine detaillierte Flexibilität nur im relationalen Datenmodell vorzufinden ist.

Die Kernprozesse einer Bank müssen auf das individuelle und unternehmensspezifische relationale Datenmodell abgestimmt sein. Nur damit ist gewährleistet, dass die Daten effizient und mit der gewünschten Flexibilität vom jeweiligen Nutzer genutzt werden kann. Damit verbunden ist die Automatisierung der ETL-Prozesse, die eine zeitnahe Datenverfügbarkeit ermöglichen. Jedoch erschwert die heterogene IT-Landschaft der Banken die Einführung der ETL-Automatisation. Ein leistungsfähiges Data Mining[151] ermöglicht die Erkennung von latenten, bis dato nicht verfügbaren Zusammenhängen in den Daten. Damit gewinnen vor allem in Zeiten der Krise externe Daten (Informationen und Erkenntnisse aus der Finanzmarktkrise) an Bedeutung für die Geschäftstätigkeit einer Bank.[152] Das Datenmodell muss insbesondere die Anforderungen hinsichtlich der Stabilität, Skalierbarkeit, Transparenz, Implementierungsneutralität gegenüber Datenhaltungssystemen sowie Spartenneutralität erfüllen, um eine industriell geprägte Software einführen zu können. In Anlehnung an Rothe soll die semantische Datenmodellierung sich an dem Typisierungsmodell orientieren (s. Abbildung 7 auf S. 55) mit nur drei Entitätstypen (Produkt, Parameter, Parameterwert), um eine stets gleiche Strukturierung sämtlicher Produkte (Sparten) zu erhalten. Zwischen dem Produkt bzw. der Sparte und dem Parameter (Produkteigenschaften) liegt eine n:m-Relation vor, d. h. genau ein oder mehrere Produkt(e) sind genau einem oder mehreren Parameter zugeordnet. Zwischen genau einem Parameter sind eine oder mehrere Parameterwerte zugeordnet (1:n-Relation). Die Festlegung der Anzahl an Entitäts- und Beziehungstypen sowie die Attribute sind nicht eindeutig (nur das Grundmuster nach dem Top-Down-Prinzip) festge-

---

150 Vgl. *Bodendorf, Freimut*, Daten, 2006, S.8ff..

151 Vgl. hierzu auch die Ausführungen von *Wöhe, Günter/ Döring, Ulrich*, Einführung, 2008, S.192: Data Mining ist die Analyse und Exploration komplexer Datenbestände.

152 Vgl. *Propach, Jürgen/ Reuse, Svend*, Data Warehouses, 2003, S.329.

legt, sondern vom IT-Architekturmanager definitorisch nach dem jeweiligen Projekt (Bottom-Up-Prinzip) festzulegen. Die (stark) vereinfachte Datenmodellierung ermöglicht eine flexible Änderung der Entitätsinhalte und ist dennoch steuerbar und stabil. Sie ähnelt der Parametrisierbarkeit industrieller Softwarekomponenten.[153] Die eindeutige Identifikation der Produkte erfolgt mittels des Primärschlüssels WKN (Wertpapierkennnummer) des jeweiligen Finanzinstrumentes.

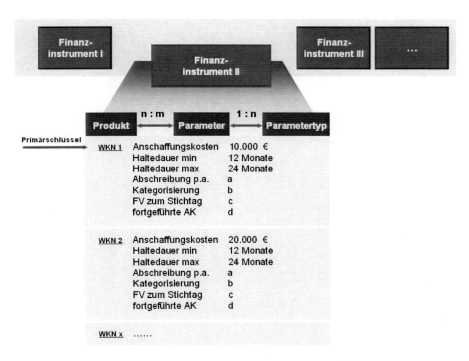

Abbildung 7: Datenmodellierungs - Beispiel[154]

4.5.3 IT-Architekturen in Banken

Im weiteren Verlauf werden die IT-Anforderungen sowie ein IT-Referenzmodell der Bankarchitektur vorgestellt. Für die Datenverarbeitung werden Data Warehouse-Konzeptionen erläutert und auf die Anwendbarkeit in IT-Bankstrukturen untersucht.

---

153 Vgl. *Rothe, Alexander*, Wiederverwendung, 2003, S.114ff..
154 Quelle: in Anlehnung an *Rothe, Alexander*, Wiederverwendung, 2003, S.123.

4.5.3.1 Anforderungen an eine IT-Bankarchitektur

Die Informationslogistik und die zugehörigen Infrastrukturanforderungen müssen in eine unternehmensweite IT-Architektur eingebettet werden.[155] Die IT-Architektur einer Bank basiert grds. auf das Client-Server-Prinzip.[156] Die Kommunikation erfolgt über das Client–Element (Frontend) und die Operationen sowie die Datenhaltung über die bereitgestellten Server.[157] Durch die Harmonierung im Rechnungswesen nähern sich die Sichtweisen der Themengebiete wie Rechnungswesen und Risikocontrolling als auch externe und interne Sichtweisen im Rahmen Basel II und IFRS immer mehr an. Durch die unterschiedlichen Bewertungsmöglichkeiten bei der Bilanzierung wird jedoch eine adäquate IT-Abbildung erschwert. Die Anforderung an die IT liegt insbesondere in der parallelen Umsetzung der unterschiedlichen Bewertungsvorschriften. Des Weiteren müssen Bewertungsroutinen schnell und einfach anzupassen und wieder verwendbar sein. Die Konsequenz aus diesen Anforderungen ist die Konzentration bzw. Bündelung der IT-Architektur auf möglichst wenige Stellen, um das Postulat der Einheitlichkeit und der Redundanzfreiheit zu gewährleisten. Die analytischen Module inhaltlich zu konsolidieren, zentral zu steuern und kontrolliert einzusetzen hat hohe Priorität bei der IT-Umsetzung. Das Ziel und damit eine wichtige Anforderung an eine einheitliche IT-Architektur ist die Vermeidung von Diskrepanzen hervorgerufen durch die Überleitung bzw. Abstimmung der verschiedenen externen und internen Auswertungen und Reports. Die Diskrepanzen erfordern ein zeit- und kostenintensives sowie manuelles Nachbessern durch die Fachmitarbeiter. Neue Regelungen und Risikomessverfahren verstärken das Problem der Diskrepanz zunehmend. Daneben erschweren ebenso die vielfach getrennten Datenflüsse und Prozessabläufe im Bereich des Rechnungswesens eine saubere Abbildung der Daten in der IT-Architektur.[158] Eine IFRS- und Basel II- konforme IT-Architektur erfüllt die Grundanforderungen für die Standardisierung der Rechnungslegung. Die folgenden Aspekte haben sich aus der Praxis herauskristallisiert:[159]

---

155 Vgl. *Winter, Robert et. al.*, St. Galler, 2008, S.13.

156 Vgl. *Gluchowski, Peter/ Gabriel, Roland/ Dittmar, Carsten*, Management, 2008, S.12.

157 Vgl. *Ferstl, Otto K.*, Logistik, 2008, S.190.

158 Vgl. *Lenhardt, Marco et al.*, Banksteuerung, 2006, S.70ff..

159 Vgl. *Geuss, Ulrich et. al.*, IT-Architekturen, 2004, S.27f.; vgl. hierzu auch die Ausführungen von *Färber, Günther/ Kirchner, Julia*, Analyzer, 2004, S.158ff..

- Die Sicherstellung eines integrierten, ganzheitlichen Werteflusses mit Hilfe einer zentralen Datenhaltung sowie Standards zur Informationserzeugung.

- Die Multidimensionalität[160] von Informationen sind notwendig, um den unterschiedlichen Anforderungen der Adressaten von interner und externer Berichterstattung zufrieden zu stellen.

- Wie in Kapitel 4.5.3.2 beschrieben, ist die Einheitlichkeit und Konsistenz der angelieferten Stamm- und Strukturdaten diverser Banksysteme in eine einheitliche Gesamtbanksteuerung zu integrieren.

- Eine zeitgerechte Lieferung von qualitativ hochwertigen Daten gewährleisten die Aktualität und Validität der intern und extern geforderten Informationen (siehe Kapitel 4.5.1 und 4.5.4).

- Ein flexibles und anpassungsfähiges Rechnungswesensystem kann die kontinuierliche Umsetzung aufsichtsrechtlicher und betriebswirtschaftlicher Anforderungen (z. B. Basel II) besser bewerkstelligen.

- Die Robustheit und Skalierbarkeit des IT-Systems erlauben die Integration und den simultanen Zugriff von großen Datenvolumina aus diversen Datenquellen.

Die optimale Lösung auf die verschiedenen IT-Anforderungen besteht aus einem zweistufigen Konzept. Die erste Stufe bildet ein Konzept für die Struktur- und Implementierungsstrategie (z. B. SOA). Auf der zweiten Stufe muss ein Konzept für die fachlich-strukturelle Modellierung (z. B. das Sechs-Schichten-Modell) entwickelt werden. Zur Strukturierung der IT-Architektur eignet sich das funktionale Sechs-Schichtenmodell für Banksteuerungslösungen. Die Schichten (s. Abbildung 8 auf S. 58) werden allgemein wie folgt abgegrenzt:[161]

1. Schicht: Quellsysteme beinhalten spezifische Anwendungen zur Unterstützung operativer Bankprozesse der jeweiligen Geschäftsfelder.

---

160 Vgl. hierzu auch die Ausführungen von *Chamoni, Peter et. al.*, Business, 2005, S.20f.: Aufgliederung des Zahlenmaterials entlang unterschiedlicher Klassen in logisch zusammengehörigen Informationsobjekten (z. B. Dimensionen Kunden, Artikel und Regionen entlang von Kenngrößen wie Umsatz oder Deckungsbeitrag.).

161 Vgl. *Lenhardt, Marco et al.*, Banksteuerung, 2006, S.70 ff..

2. Schicht: Die Transformation und Standardisierung der primären Geschäftsdaten mit Hilfe der Kopplung. Die Kopplungs-Schicht steuert nur die Datenflüsse und veranlasst ihre Weiterreichung.

3. Schicht: Konsolidierte Datenbasis mit Hilfe eines gemeinsamen und standardisierten Datenmodells.

4. Die Methodenschicht beinhaltet aufeinander abgestimmte analytische Module. Die Daten sind konsistent und redundanzfrei.

5. Die fünfte Schicht bereitet die abgeleiteten und primären Daten in einer (u. U. teilweisen) aggregierten Form (Berichtsdaten) vor.

6. Die sechste Schicht übernimmt die Aufbereitung der Berichte und stellt durch die Berichtslogistik dem Anwender die angeforderten, relevanten Informationen zur Verfügung (Berichtsanwendung).

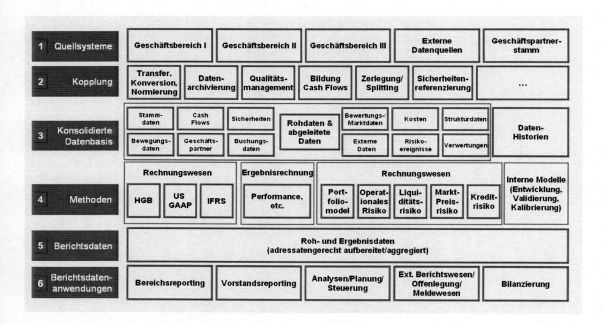

Abbildung 8: Sechs-Schichten-Modell in der Bankpraxis[162]

---

162 Quelle: *Lenhardt, Marco/ Gudjons, Thorsten/ Stork, Peter*, Banksteuerung, 2006, S.73

Die IT-Referenzarchitektur beinhaltet die Erfüllung der beschriebenen Grundanforderungen und teilt die Struktur in fachlich motivierte Blöcke ein. Diese Blöcke sind nicht gleichzusetzen einem optimalen IT-System, sondern es ist bei der Auswahl einer IT-Architektur zu prüfen, wie viele dieser Blöcke einbezogen werden können. Die konsistenten Stamm-, Struktur- und Referenzdaten werden übergreifend vom Unternehmen vorgehalten und sind nicht in den funktionalen Modulen enthalten. Im Fokus stehen sieben Blöcke (s. nachfolgende Abbildung 9), die einen reibungslosen Ablauf der Geschäftstätigkeit gewährleisten sollen:[163]

Abbildung 9: IFRS-Lösungsarchitektur einer Bank[164]

- Der erste Block umfasst das Geschäftserfassungssystem zur Erfassung aller relevanten Informationen auf der Einzelgeschäftsebene. Als strukturelle Eckpfeiler bildet sie die Grundlage für das Reporting, die Ableitung der Bewertungsansätze, die Bilanzgliederung sowie die Anhangsangaben.

---

163 Vgl. *Geuss, Ulrich et. al.*, IT-Architekturen, 2004, S.28f..
164 Quelle: *Geuss, Ulrich et. al.*, IT-Architekturen, 2004, S.28.

- Der zweite Block stellt die Bestands- und Werteführung (Geschäftsbestandführung) dar, welches alle relevanten Informationen pro Einzelgeschäft enthält.

- Im dritten Bewertungs-Block erfolgt die Bewertung pro Einzelgeschäft. Hierbei spielen finanzmathematische Verfahren, endogene und exogene Bewertungen eine wichtige Rolle.

- Der vierte Block Werteführung übernimmt die Geschäftsvorfälle aus dem zweiten und dritten Block als Basis für die nachfolgenden Berechnungen.

- Im fünften Block Hedge-Accounting/Effektivitätstest werden Grund- und Sicherungsgeschäfte dokumentiert.

- Der sechste Block Buchungssystematik erfüllt die klassischen Buchhaltungsaufgaben der Geschäftsvorfälle.

- Der funktionale siebte Block umfasst die Auswertungen und Berichte auf Basis der Daten in dem Hauptbuch sowie dem Repository (Berichtswesen).

Bei einem Vergleich der IT-Architekturen der Commerzbank (s. Abbildung 27 im Anhang), Dresdner Bank (s. Abbildung 28 im Anhang) und Hypovereinsbank (s. Abbildung 29 im Anhang) ist festzustellen, dass eindeutig eine Tendenz zu einer Vier-Schichten-Architektur vorliegt. Die Visualisierung- und Darstellungsschicht ist bei den beispielhaften Banken durch Individualität bzw. Eigenentwicklungen gekennzeichnet, die als Differenzierungsfaktor fungieren. Hier ist kein Standardisierungsprozess zu erwarten und zukünftig wird diese Ebene verstärkt auf Internet-Technologien basieren. Die Geschäftslogik wird in einer eigenen Schicht ausgelagert und überwiegend durch Standard-AwS unterstützt. Die gesamten Transaktionslogik und die juristischen Datenbanken werden in Banken auf zentrale Hostsysteme übertragen. Hostsysteme haben eine bedeutende Stellung bei den Finanzinstituten und auf ihnen werden Transaktionsmonitore, eigenentwickelte Applikationen und relationale Datenbanken eingesetzt.[165]

---

165 Vgl. *Mehlau, Jens Ingo*, IT-Architekturen, 2003, S.219.

4.5.3.2 IT-Referenzmodell einer Bank

Eine Lösungsarchitektur basiert auf ein integriertes Bankinformationssystem. Die Herausforderung liegt in der sinnvollen Synthese der IT-Architektur mit den organisatorischen, technischen und fachlichen Rahmenbedingungen. Eine optimale IT-Architektur kann, wie in der nachfolgenden Abbildung 10 dargestellt, folgendermaßen aussehen:[166]

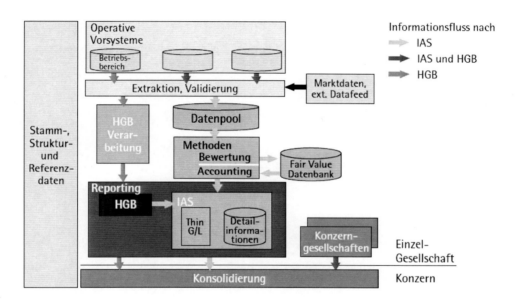

Abbildung 10: BI-Referenzarchitektur einer Bank[167]

Der logische Datenfluss erfolgt in Pfeilrichtung durch die einzelnen IT-Komponenten. Die *operativen Vorsysteme* werden durch zusätzliche IFRS-Merkmale ergänzt. Innerhalb dieser Komponente werden relevante Informationen vor der Generierung des HGB-Buchungssatzes dem System für die IFRS-Verarbeitung zur Verfügung gestellt. Der Anpassungsaufwand im Bereich der Altsysteme darf hier nicht unterschätzt werden. In nachfolgenden *Transformations- und Extraktionsebene* erfolgt die fachliche und technische Standardisierung der Geschäftsvorfallinformationen. Dabei kommen stan-

---

166 Vgl. *Geuss, Ulrich et. al.*, IT-Architekturen, 2004, S.29f..
167 Quelle: *Geuss, Ulrich et. al.*, IT-Architekturen, 2004, S.29.

dardisierte Bankdatenmodelle und Industriestandards für Schnittstellen (z. B. XML, XBRL[168]) zum Einsatz. Der konzeptionelle Aufwand für das Schnittstellen-Customizing verringert sich, wenn eine einheitliche Nomenklatur der Daten und Geschäftsvorfälle verwendet werden. Die zentrale Datenbasis bildet ein *Datenpool* (Consilidated Data Store – CDS), das neben den relevanten Vertrags-, Transaktions- und Bewegungsdaten für Einzelgeschäftsvorfälle auch Stamm- und Metadaten beinhaltet. Diese Ebene ist das architektonische Schlüsselelement für die Einhaltung der Daten- und Ergebniskonsistenz. In der *zentralen Methodenkomponente* wird die Buchungslogik abgelegt, die eine konsistente und einheitliche Verwendung der fachlichen Verfahren sicherstellt. Der Vorteil liegt hier in der deutlichen Performanceentlastung der operativen Systeme, da die Logik nicht dezentral geführt werden muss. Im Falle des IAS 39 ist eine FV-Datenbank sinnvoll, um die Marktwerte z. B. auf den Börsen zu den jeweiligen Ankaufs-Stichtagen abzulegen und zu sichern. Für inaktive Märkte müssen FV-Werte nach einem etablierten Schätzverfahren ermittelt und die Ergebnisse in der Datenbank festgehalten werden. Dabei müssen die vertraglich vereinbarten CF, aktuelle Marktzinssätze abhängig von der Bonität des Schuldners (Bonitätsrisiko)[169] und die Laufzeiten festgehalten werden. In der Schicht *General Ledger* erfolgt die Aggregation der Daten auf Konzernebene als Vorbereitung für das Berichtswesen. Innerhalb dieser Schicht müssen unterschiedliche Rechnungslegungsstandards abgebildet werden, die durch das Führen von parallelen, unabhängigen Hauptbüchern sichergestellt werden. Ein *Konsolidierungstool* ermöglicht die Erstellung eines Konzernabschlusses nach IFRS. Dabei müssen die Anforderungen der Einzelgesellschaften, gesetzliche Regularien und Managementanforderungen in die Konsolidierung einfließen. Viele Banken werden weiterhin den vorhandenen Prozess inklusive der Systeme zur Erstellung von HGB-Abschlüssen beibehalten und daher ist eine *HGB-Komponente mit identischen IFRS-Buchungen* für die automatisierte Überleitung in den IFRS-Prozess optimal.[170]

---

168 Vgl. hierzu auch die Ausführungen von *Oehler, Karsten*, Corporate, 2006, S.108ff..; vgl. hierzu auch die Ausführungen von *Kesselmeyer, Bodo/ Frank, Ralf*, XBRL, 2009, S.72ff.: XBRL ist die Sprache für die elektronische Kommunikation von Finanz- und Geschäftsdaten und ist ein offenes Informationsformat, welches den Datenfluss aus u. a. General Ledgers und Bilanzen automatisiert transportieren kann.

169 Vgl. *Wöhe, Günter/ Döring, Ulrich*, Einführung, 2008, S.668.

170 Vgl. *Geuss, Ulrich et. al.*, IT-Architekturen, 2004, S.29f..

Es gibt drei Ansatzpunkte der zwischenbetrieblichen Integration (s. nachfolgende Abbildung 11):[171]

- Die Applikations-Kommunikation zeichnet sich dadurch aus, dass die Partner über separate Datenbestände und Anwendungssysteme (AwS) verfügen und auf der Ebene der Applikationsfunktionalität Daten austauschen. Diese Funktionsintegration setzt einheitliche Kommunikationsschnittstellen, -programme und –standards voraus.

- Charakteristisch für das Applikations-Sharing ist die gemeinsame Nutzung derselben Applikation durch mehrere Partner. Eine gemeinsame Datenbasis ist nicht notwendig.

- Das Daten-Sharing verfolgt das Ziel der Datenintegration. Die AwS der Partner greifen auf eine zentrale Datenbasis zu. Für diese Variante ist jedoch ein Mindestmaß an Standardisierung bei den Applikationen erforderlich, um die Datenstruktur zu vereinheitlichen.

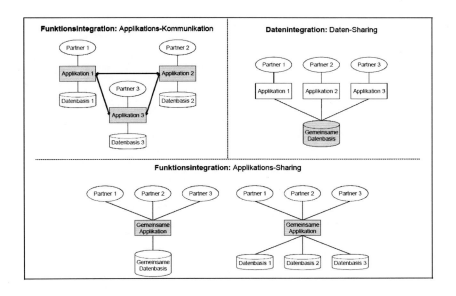

Abbildung 11: Formen der Datenintegration[172]

171 Vgl. *Hirnle, Christoph*, IT-Investitionen, 2006, S.22f..
172 Quelle: *Hirnle, Christoph*, IT-Investitionen, 2006, S.22.

Vor einer Umstellung auf SOA als zukunftsweisende Methode müssen die Geschäftsprozesse der Bank auf mögliche Überschneidungen zu anderen Geschäftsprozessen untersucht werden, die einen hohen Grad an Wiederverwendung und Standardisierung erwarten lassen. Insbesondere wird verstärkt dort auf Service-Orientierung gesetzt, wo SOA die Integration externer Software oder von Altsystemen erleichtert. Das SOA-Referenzmodell einer Bank gliedert sich in ihrer Vorgehensweise in drei Abschnitten, die Einführung eines SOA-Architektur-Modells, die Schaffung einer auf SOA ausgerichteten IT-Steuerung (Governance) sowie der Umbau der vorliegenden IT-Infrastruktur. Um eine Standardisierung zu erreichen, werden Back-End, Integrationsschicht, Prozessschicht und Front-End logisch getrennt und über standardisierte Schnittstellen verbunden (s. nachfolgende Abbildung 12). Die Schicht Front-End beinhaltet alle Bankprodukte und die zugehörigen Geschäftsprozesse. Bei der Prozessmodellierung wird auf das klassische Business Process Management zurückgegriffen. Die Prozessschicht identifiziert redundante Prozesse und setzt sie als wieder verwendbare Geschäftsfunktionen neu auf. Der Enterprise Service Bus (ESB) in der Integrationsschicht erlaubt die Integration der Prozesse in die Back-End-Systeme.[173]

---

173 Vgl. *Lamberti, Hermann-Josef*, Deutsche Bank, 2008, S.24.

SOA-Architektur-Modell

Schichten

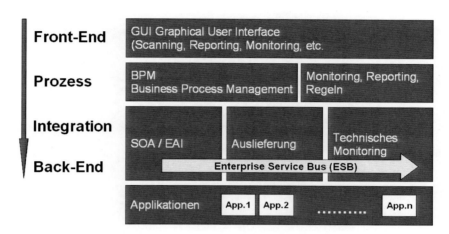

Front-End · Prozess · Integration · Back-End

GUI Graphical User Interface
(Scanning, Reporting, Monitoring, etc.

BPM
Business Process Management

Monitoring, Reporting,
Regeln

SOA / EAI · Auslieferung · Technisches Monitoring

Enterprise Service Bus (ESB)

Applikationen · App.1 · App.2 · ………… · App.n

Abbildung 12: SOA-Architekturmodell[174]

Der Einsatz von SOA in Banken (s. Abbildung 13 auf S. 66) wird gem. dem SOA-Architektur-Modell unterteilt in Frontoffice-IT, Backoffice-IT und Banksteuerungs-IT. Die Frontoffice-IT wiederum wird in Kundenzugang (Multikanal und Transaktionen), Vertrieb, Produktmanagement und Services separiert. In diesen Einheiten spielen die Workflow- und BPM-Steuerung eine zunehmende Rolle. Das Kernelement ist der Commercial Integrator (CI), welcher die Entkoppelung von Frontoffice zu Backoffice ermöglicht. Als Geschäftsmodell bietet das Kernelement die passenden Dienste der Bank für das Frontoffice an. Der CI wiederum bedient sich an den allgemeinen Diensten, die in der Backoffice-IT zur Verfügung gestellt werden. Die Backoffice-IT beinhaltet verschiedene Fabriken mit standardisierten Diensten (z. B. Zahlungsverkehr, Wertpapierabwicklung), die bereitgestellt werden. Auf dieser Ebene ist die Optimierung durch In- und Outsourcing[175] möglich. Für die SOA ist die fachliche und technische Kapselung der Fabrik entscheidend. Die Banksteuerungs-IT beinhaltet allgemein nutzbare Dienste wie z. B. im Bereich des Risikocontrollings und Bilanzierung an. Das

---

174 Quelle: *Lamberti, Hermann-Josef*, Deutsche Bank, 2008, S.24.

175 Vgl. hierzu auch die Ausführungen von *PWC*, Wertbeitrag, 2009, S.5: Der Anteil von Outsourcing im Bankensektor liegt bei ca. 48% (an der Spitze aller Branchen).

SOA-Verfahren kann auf jeder dieser Ebenen unterschiedlich stark angewendet werden. Die Einführungsstrategie für SOA kann nach dem Top-Down-Prinzip (Services komplett durchgeplant mit zentraler Steuerung), Bottom-Up-Prinzip (Services entstehen in Projekten mit eigener Budgetverantwortung) oder auch evolutionär gesteuert sein (Services entstehen in Projekten, jedoch die Planung und Beratung erfolgen zentral). Da Banken eher einen dezentralen Charakter mit entsprechender Organisationsmatrix haben, ist eher von der evolutionären Steuerung auszugehen.[176]

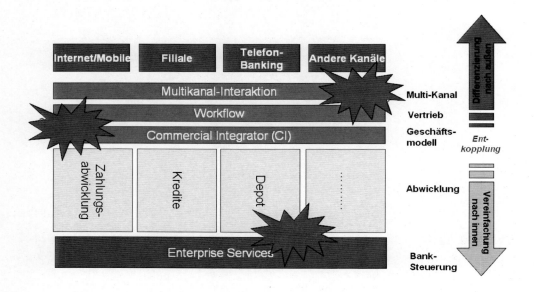

Abbildung 13: SOA-Modell im Bankenbetrieb[177]

4.5.3.3 Business Intelligence durch ein effektives Data Warehouse

Es wird aus technischer und organisatorischer Sicht grds. zwischen drei DWH-Architekturen unterschieden. Bei einem virtuellen DWH greifen die Anwender nicht auf eine spezielle DB, sondern direkt auf die operativen Daten zu. Dadurch kann es aufgrund von hoher Belastung zu Performance-Störungen sowie zu einer schlechten Datenqualität (Datenredundanz oder geringe Datenhistorie) kommen. Ein zentrales DWH mit zentraler DB wird mit Hilfe von Transformationstools aus verschiedenen Datenquellen versorgt. Das verteilte DWH (Data Mart) besteht aus mehreren speziellen

176 Vgl. *Kempf, Peter*, Einführungsstrategien, 2008, S.28ff..
177 Quelle: *Kempf, Peter*, Einführungsstrategien, 2008, S.29.

DWH, die an unterschiedlichen Standorten verteilt sein können.[178] Aufgrund der dezentralen Bankorganisation ist ein verteiltes DWH mit Data Marts die bestmögliche Lösung. Wie auch in den Anforderungen in Kapitel 4.2 beschrieben, muss ein DWH unterschiedliche Datenbanken zusammenführen, um z. B. die FI mit verschiedenen Bewertungsmethoden (FV oder fortgeführten AHK) zu bewerten.

Das DWH ist eine wichtige Voraussetzung, um ein effizientes Risikomanagement aufzustellen sowie Risikomodelle zu den Ausfall- Und Marktpreisrisiken zu implementieren. Das DWH muss interne und externe Daten vereinheitlichen sowie umfangreiche Datenzeitreihen für qualitative und quantitative Auswertungen zur Verfügung stellen. Die Herausforderung bei der Konzeption eines DWH liegt darin, zukünftige Methoden und Auswertungen offen und variabel zu konstruieren.[179] DWH führen verteilte Datenbestände aus verschiedenen AwS zusammen und benötigen daher eine Vielzahl von Schnittstellen zu Datenquellen und Analyseprogrammen.[180] Die IT-Basis für ein DWH ist ein funktionierendes Datenbanksystem (DBS)[181], welches aus einem einheitlich definierten Datenbestand (Datenbank) und verwaltenden Datenbankmanagementsystem (DBMS) besteht. Der Zugriff erfolgt nur über das DBMS nach Kriterien wie u. a. Datenintegrität, Datensicherheit und Synchronisation. Ein DWH ist eine von den operativen Systemen getrennte DB, die als unternehmensweite Datenbasis für Analysezwecke herangezogen wird. Hierbei stehen vor allem die Merkmale Verarbeitungsgeschwindigkeit, Verfügbarkeit und Aktualität von operativen Daten im Vordergrund.[182] Die Überwindung der Diskrepanz zwischen der IT–Abteilung (technisch) und den Fachabteilungen (betriebswirtschaftlich) wird durch anwendungsnahe Business Intelligence-Technologie (BI) verringert. Ein logistisches Anwendungssystem ist nur dann effizient, wenn Informationen zentral verwaltet werden und vom Anwender jederzeit und zuverlässig abgerufen werden können. Das zentrale Enterprise Data Warehouse (EDW) erlaubt den Datenzugriff der operative Geschäftsprozesse „near real time" sowie service-

---

178 Vgl. *Gadatsch, Andreas*, Management, 2002, S.242f..

179 Vgl. *Stahl, Ernst/ Wimmer, Andreas*, Informationsverarbeitung, 2003, S.179f..

180 Vgl. *Bodendorf, Freimut*, Daten, 2006, S.7.

181 Vgl. hierzu auch die Ausführungen von *Bodendorf, Freimut*, Daten, 2006, S.7f.: Ein DBS stellt die Gesamtheit von DBMS und Datenbank dar.

182 Vgl. *Fink, Andreas et al.*, Grundlagen, 2005, S.153ff..

orientiert.[183] Dabei spielt das Data Mining eine wichtige Rolle, in dem signifikante Sachverhalte aus großen Datenmengen herausgefiltert werden können.[184]

Stufe 1: Vordefinierte Berichte	Stufe 2: Funktionales Data Warehouse	Stufe 3: Unternehmens-weites Data Warehouse	Stufe 4: Erweiterte Analyse	Stufe 5: Aktive Wissenver-arbeitung
Standardisierte Berichte mit redundantem Inhalt Einge-schränkte Fähigkeit der Datenanalyse Keine gemein-same Semantik	Siloansatz Ad hoc- Aus-wertungen Gemeinsame Semantik für eine Abteilung	Standardisierte Berichte mit gemeinsamer Semantik auf Unternehmens-basis Einfache Vorher-sagen Integration externer Daten	Erweiterte Metho-den für die Daten-analyse Trendforschung Komplexe Pla-nungsszenarien Verwendung von Entscheidungsmo-dellen	Echtzeit-Data Ware-house Eingebettete Analyse Aktive Entscheidungs-unterstützung

Tabelle 8: Integrationsstufen bei BI (BI-Reifegradmodell) [185]

Je höher die BI-Integrationsstufe erreicht wird (s. Tabelle 8), desto besser wird die Wissensverarbeitung durch ihre Aktualität und erweiterten Methoden zur Datenverarbeitung. Eine Bank-DWH ist erhöhten Anforderungen an die Informationsqualität (siehe Kapitel 4.5.1) infolge der höheren Informationsflut ausgesetzt. Die Harmonisierung und Aggregation der Daten wird durch die heterogenen, operativen Systeme erschwert. Zusätzlich werden hohe gesetzliche Anforderungen an das Risikocontrolling gestellt, die durch komplexe Rechenkerne befriedigt werden müssen. Aus den zuvor erwähnten sieben Anwendungsfeldern von Banken ergibt sich ein theoretisch optimales DWH-Modell, welches aus fünf Schichten gebildet wird (s. nachfolgende Abbildung 14).[186]

---

183 Vgl. *Töpfer, Jochen*, AEI, 2008, S.2.
184 Vgl. *Oehler, Karsten*, Corporate, 2006, S.32.
185 Quelle: *Schmidt-Volkmar, Pascal*, Analyse, 2008, S.17.
186 Vgl. *Propach, Jürgen/ Reuse, Svend*, Data Warehouses, 2003, S.323f..

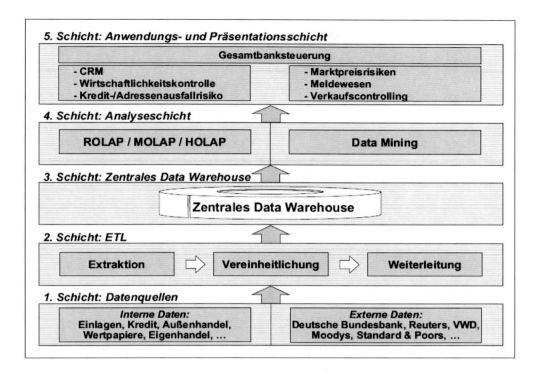

Abbildung 14: Idealtypische Architektur eines Bank-DWH[187]

Eine getrennte Datenhaltung oder zumindest getrennte Datenfelder in einer integrierten Datenbank stellen eine sinnvolle Alternative dar wegen der problematischen Überleitung verschiedener Systeme und den vorliegenden Diskrepanzen zwischen RL und Eigenmittelanforderungen.[188]

Die Analyse/Präsentationsschicht in dem Modell wird in eine reine Analyseschicht, die OLAP-Elemente und Data-Mining[189] enthält, und in eine reine Präsentationsschicht, die aus Front-Ends besteht, unterteilt. Folgende Schichten sind dargestellt:[190]

---

187 Quelle: *Propach, Jürgen/ Reuse, Svend*, Data Warehouses, 2003, S.325.

188 Vgl. *Erben, Roland F.*, Behandlung, 2008, S.286.

189 Vgl. hierzu auch die Ausführungen von *Oehler, Karsten*, Corporate, 2006, S.33: OLAP-Anfragen werden vollständig vom Anwender gesteuert und Data-Mining-Werkzeuge suchen weitgehend selbständig nach signifikanten Datenmustern.

190 Vgl. *Propach, Jürgen/ Reuse, Svend*, Data Warehouses, 2003, S.324f..

1. Datenquellen-Schicht: Die erste Schicht enthält mehrere interne operative Systeme, aus der die Daten importiert werden. In Banken handelt es sich oftmals um unstrukturierte Daten und Daten aus Hostsystemen. Weitere Daten stammen aus externen Quellen, wie z. B. von Rating-Agenturen.

2. ETL-Schicht: Viele Kundendaten stammen aus heterogenen operativen Systemen, die über den ETL-Prozess in das DWH übernommen werden müssen. Dabei ist die korrekte Definition und Abstimmung auf die Geschäftsprozesse des Datenmodells unabdingbar für eine fehlerfreie, schnelle und automatisierte Übertragung der Daten.

3. Zentrales DWH-Schicht: Als Schlüsselelement ist das zentrale DWH in der Praxis kaum vollständig und optimal anzutreffen. Oftmals sind Insellösungen in Banken anzutreffen, wo unverbundene Data Marts nur für die jeweiligen Fachbereiche konzipiert sind und eigene ETL-Werkzeuge besitzen. Eine unternehmensweit einheitliche Konvention, Konsistenz und Integrität von Daten liegen nicht bzw. unzureichend vor (siehe Auswertung der Delphi-Studie in Kapitel 6).

4. Analyseschicht: Hier werden die Data Marts verbunden, um letztendlich eine Gesamtbank-DWH zu erstellen. Insbesondere wird hier die Dimensionalität der Daten definiert, die sinnvollerweise spartenübergreifend an Objekte angebunden werden, mit denen eine Bank verbunden ist. Für Banken spielen die fünf Dimensionen Zeit, Produkt, Region, Kunde und Vertriebsweg eine wesentliche Rolle bei der Gesamtbanksteuerung. Für die Anbindung und Auswertung stehen OLAP-Werkzeuge zur Verfügung.

5. Anwendungs- und Präsentationsschicht: Die Vereinigung anwendungsspezifischer Rechenkerne und Präsentation erfolgt in der letzten Schicht unter Einbeziehung der bereits erwähnten Analyseschicht. Die Gesamtbanksteuerung integriert anwendungsübergreifend alle Daten und gibt diese als Informationen an die Front-Ends weiter.

Zur Unterstützung der analyseorientierten Mitarbeiter kann entweder ein multidimensionales oder ein relationales Datenbanksystem eingesetzt werden für die Informationsspeicherung. Multidimensionale DBS sind mit ihrem gesamten Systemaufbau einschließlich der physikalischen Datenablage auf externe Speichermedien vollständig auf

Multidimensionalität ausgelegt. Relationale DBS dagegen nutzen spezielle logische Datenmodelle, die unter dem Begriff Snowflake-Schema[191] subsumiert werden und welche von gebräuchlichen operativen Datenmodellen abweichen.[192]

Ein weiteres, hochkomplexes System ist das Active Data Warehousing (ADWH). Das ADWH vereinigt die Informations- und Anwendungsintegration auf dispositiver und operativer Ebene und ist daher eine wertvolle Daten- und Informationsdrehscheibe für Unternehmen. Das klassische DWH beinhaltet eine zentrale Datenbasis mit passiven Bestandsinformationen. Für eine Anwendungsintegration sind jedoch zeitnahe und transaktionsorientierte Abbildungen maßgeblich (entspricht dem Charakter eines Operational Data Store/ODS). Diese Informationen dienen darüber hinaus auch noch als Trigger für weitere Systeme, d. h. sie müssen Auslöser für Geschäftsaktionen sein zu dem Zeitpunkt, wenn Geschäftsprozesse dies verlangen (ereignisgetriebene Datenhaltung). Die Kennzeichen eines ADWH sind die zentrale, redundanzfreie Datenhaltung auf verschiedenen Ebenen, Realtime-Datenaktualität, Einbindung in operative Prozesse, die zuvor erwähnte ereignisgetriebene Aktionssteuerung sowie der jederzeit verfügbaren Realtime-Datenbezug von Informationen.[193] Banken verfügen jedoch zum Großteil (90%) über klassische DWH (siehe Kapitel 6).

4.5.4 Die Latenzzeiten als Wettbewerbsfaktor bei Entscheidungen

Die Latenzzeit ist die Zeit zwischen dem Eintreten eines Ereignisses, dem Aufbereiten und Analysieren von Informationen und dem Einleiten einer Maßnahme.[194] Eine schnellere Verarbeitung führt zu einer schnelleren Veröffentlichung der Informationen (Fast Close) und somit zu einer Stärkung der Vertrauensbildung.[195] In der Finanzmarktkrise ist der Fast-Close-Process im Rechnungswesen unverzichtbar und erfordert eine adäquate IT-Technik zur Umsetzung.

---

191 Anm. D. Verf.: Das klassische Sternschema wird ergänzt, in dem die bestehenden Dimensionstabellen weiter verfeinert bzw. klassifiziert werden.

192 Vgl. *Chamoni, Peter et. al.*, Business, 2005, S.27ff..

193 Vgl. *Weiler, Thomas*, ADW, 2008, S.26f.; vgl. hierzu auch die Ausführungen bzgl. ADWH und Realtime-DWH von *Lahrmann, Gerrit/ Stroh, Florian*, Systemarchitekturen, 2008, S.145ff..

194 Vgl. *Schmaltz, Moritz/ Töpfer, Jochen*, Nutzenpotenziale, 2008, S.169.

195 Vgl. *Oehler, Karsten*, Corporate, 2006, S.361f..

Ein echtzeitbasiertes Datenmanagement im Sinne des Business Activity Monitoring (BAM)[196] ermöglicht eine zeitnahe Verfügbarkeit aller relevanten Unternehmensinformationen. Echtzeit bedeutet, dass die aufbereiteten Daten als Informationen jederzeit und unabhängig vom Ort abrufbar sind. Die gesamte Wertschöpfungskette (WSK) wird durch eine zeitnahe Lieferung von Daten erheblich beeinflusst. Das Konzept des Realtime Business Intelligence (RTBI) beschreibt die Handhabung von Echtzeit- oder nahezu Echzeit-Datenbeständen, die in den Unternehmen existieren bzw. existieren sollen. Dabei handelt es sich um operative Datenbestände. Im Regelfall greift ein Unternehmen auf eine zeitverzögerte Datenbasis (ODS bzw. Low Latency Data Mart/LLDM) zu. Das Konzept umfasst alle notwendigen Prozesse und IT-Werkzeuge, die den Zugriff auf die Realtime-Daten ermöglichen. Das Ziel ist letztendlich die Erhöhung der Wertschöpfung durch die vorhandenen Informationen des Unternehmens. RTBI kann durchaus als Frühwarnsystem fungieren, wie z. B. im Kreditkartenbereich bei Missbrauch oder Betrug. Komplexe Analysen von großen Datenbeständen, z. B. in der Finanzbuchhaltung, sind zeitintensiv und die Auswertungen in Echtzeit erfordern zudem den effizienten Einsatz eines Datenverwaltungssystems. Die Daten müssen im Hauptspeicher statt wie bisher auf der Festplatte bereitgestellt werden. Die technische Entwicklung im Bereich der Echtzeitanalyse befindet sich derzeit im Forschungs- und Entwicklungsstadium. Damit Informationen zeitnah veröffentlicht werden können, ist die Frage der Berechtigung zur Einstellung dieser Daten zu klären. Das System wird erst dann lebendig, wenn selektive Entscheidungsträger zeitnah ihr relevantes Geschäftswissen einpflegen. Ein flexibles System (wie z. B. SOA) kann zu Nutzeneffekten führen, jedoch bedeutet Flexibilität nicht immer gleich Schnelligkeit in der Datenbereitstellung. Vielmehr führt die Flexibilität zur vereinfachten Änderungen, wenn die Prozesse sauber definiert und abgegrenzt sind. Dadurch steigt die Einrichtungsgeschwindigkeit z. B. bei neuen Datenabfragen. Der Kompromiss zwischen der Gründlichkeit und Schnelligkeit in der Informationsverarbeitung bzw. -bereitstellung liegt in der Verfügbarkeit einer qualitativ ausreichenden Ausgangsdatenbasis sowie einer schnellen Reaktion in selektiv relevanten Be-

---

196 Vgl. hierzu auch die Ausführungen von *Oehler, Karsten*, Corporate, 2006, S.47: BAM ist die zeitnahe Bereitstellung von kritischen Indikatoren zur Beschleunigung von Geschäftsprozessen.

reichen. Zu beachten ist der Faktor Mensch, der einen maßgeblichen Einfluss auf den Erfolg bzw. Nicht-Erfolg des einzelnen Gliedes in der WSK ausübt.[197]

Die Abbildung 15 zeigt die gesamte Aktionszeit, die bei einem Informationsaustausch im IT-System auftreten kann. Die organisatorischen Latenzen I und II sind aus IT-Sicht überwiegend nicht beeinflussbar, da objektive Risiken (die Menschen) eine große Rolle spielen und daher subjektiv im Zeitradius einwirken. Die Infrastrukturlatenz ist jedoch durch eine optimale Technik beeinflussbar und somit auch optimierbar.

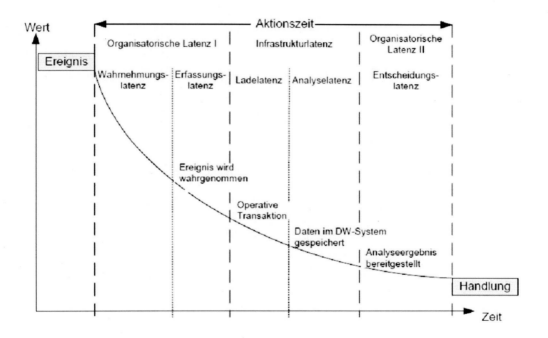

Abbildung 15: Latenzzeiten[198]

4.6 Prozessoptimierung und automatisierte Entscheidungsunterstützung

Die Prozessorganisation stellt die Prozesse in den Mittelpunkt, in dem sie aufeinander abgestimmt und gesamteinheitlich betrachtet werden. Dabei wird eine Abkehr von der abteilungsspezifischen Einzelverantwortlichkeit und Ressortegoismus hin zur Gesamt-verantwortung und -steuerung in der Bank erreicht mit Hilfe des Prozessmanagements

---

197 Vgl. *Lochmaier, Lothar*, Echtzeitanalyse, 2008, S.66ff..
198 Quelle: *Schmidt-Volkmar, Pascal*, Analyse, 2008, S.32.

(PM). Die originäre Aufgabe des PM ist, die Prozesse zu definieren und zu etablieren, durch kontinuierliche Überprüfung aktuell zu halten und den sich ständig ändernden Rahmenbedingungen (z. B. IT-Weiterentwicklung) anzupassen. Ebenfalls müssen Mess- und Steuerungsgrößen z. B. nach risikorelevanten Gesichtspunkten definiert werden.[199] Banken orientieren sich an die divisionale Struktur der Organisation. Häufigste Erscheinungsform der Divisionalisierung ist die nach Produktgruppen. Die Produktgruppen bilden die Grundlage für entstehende Geschäftsbereiche (Geschäftsbereichsorganisation). Charakteristisch für die divisionale Struktur ist, dass die Divisionen umfassende Zuständigkeiten für das operative Geschäft besitzen und damit weitgehend autonom agieren können. Die Autonomie erlaubt die Übertragung von Gewinnverantwortung an den Divisionsleiter. Die Unterstützung der Divisionen übernehmen zentrale Abteilungen, die die Unternehmensleitung bei der strategischen Steuerung der Gesamtunternehmung unterstützen. Unternehmen, die eine Strategie der Diversifikation verfolgen, werden aufgrund der zunehmenden Komplexität gezwungen sein, eine divisionale Struktur aufzubauen. *Chandler* (1962) hat den Zusammenhang zwischen Diversifikation und Divisionalisierung als „Structure follows Strategy" bezeichnet.[200]

Eine am Prozess ausgerichtete Organisation des IT-Bereiches führt zu einer konzeptionell erfolgreicheren und kostengünstigeren Leistungserstellung.[201] Effiziente Prozesse in Banken sind überlebenswichtig. Der hohe Wettbewerbsdruck, die sinkenden Margen bei zu hohen Kosten und wachsende administrative sowie regulatorische Anforderungen mindern den Ertrag. Durch die Automatisierung von Prozessen lassen sich enorme Einsparungspotenziale generieren, wie z. B. die Reduktion der Gesamtkosten um bis zu 50%, die erheblichen Zeiteinsparungen in der Bearbeitung sowie zukünftige Planungssicherheit.[202] Zu den wichtigsten Herausforderungen der Banken aus Sicht der IT ist an erster Stelle die Effizienzsteigerung durch Prozessautomatisierung zu nennen. An nachfolgender Stelle werden die Umsetzung von Compliance-Themen, die Erhöhung bzw. Erhaltung der Kundenbindung, die Integration der Vertriebskanäle sowie das Aufbre-

---

199 Vgl. *Pfreundschuh, Bernd*, Prozesssteuerung, 2009, S.168f..
200 Vgl. *Kieser, Alfred/ Walgenbach, Peter*, Organisation, 2007, S.242ff..
201 Vgl. *Moormann, Jürgen/ Schmidt, Günter*, Finanzbranche, 2007, S.312.
202 Vgl. *Michel, Hans-Joachim*, Kreditgeschäft, 2006, S.13.

chen der WSK genannt.[203] Die Ausrichtung der IT an den Geschäftsprozessen (IT-Alignment) führt dazu, dass Banken die IT-Lösungen mit der besten Unterstützung der Geschäftsstrategie und Geschäftsprozesse auswählen und realisieren sollen.[204]

Zunehmender Kosten- und Wettbewerbsdruck forcieren die Industrialisierung diverser Tätigkeiten in einer Bank.[205] Die Taunus-Sparkasse hat durch das Geschäftsprozessmanagement (BPM) mittelfristig rund 44% ihrer Prozesskosten eingespart und steigerte so die Wertschöpfung innerhalb der Prozesse durch Kostenreduktion. Modernes BPM ermöglicht die Abbildung vieler Prozesse auf der gleichen Plattform. Weitere Vorteile sind u. a. die Reduzierung von menschlichen Fehleranfälligkeiten, die genaue Analyse der Prozessschritte und ihre Kosten, Ressourcenoptimierung sowie Komplexitätsreduktion und Vereinheitlichung von Abläufen.[206] Operationale Risiken stehen im Fokus der Geschäftsprozesse. Je stärker der Geschäftsprozess von der IT-Infrastruktur abhängig ist, desto stärker hängt letztendlich die Bonität von einem aktiven RM ab. Somit übt die Güte der finanzrelevanten Geschäftsprozesse einen unmittelbaren Einfluss auf die Bilanzen der Banken aus. Prozesse sind Treiber für Umsätze, Gewinne und Verluste und ein optimaler Prozess zeigt, ob eine Bank die Marktchancen wahrnimmt und gleichzeitig die Risiken minimiert. Ein effektives BPM umfasst die laufende Aufgabe des Ansatzes beim Design und entsprechender Implementierung der Geschäftsprozesse und ist ein integraler Bestandteil des Wertschöpfungsprozesses. Die Absicherung eines effizienten proaktiven RM nach Basel II ist nur durch die permanente Kontrolle der Güte der Prozesse mit Hilfe von Leistungskennzahlen (KPIs) sichergestellt. Durch die kontinuierliche, automatisierte Überwachung der in den operativen Systemen ablaufenden Prozesse (Closed-Loop Verfahren)[207] lassen sich die ermittelten Werte als Frühwarnindikatoren nutzen und damit liefern sie eine strategische Entscheidungsgrundlage für steuernde Eingriffe in die Geschäftsprozesse.[208]

---

203 Vgl. *IDC*, Rolle IT, 2008, S.5.

204 Vgl. *Moormann, Jürgen/ Schmidt, Günter*, Finanzbranche, 2007, S.48.

205 Vgl. *Pfreundschuh, Bernd*, Prozesssteuerung, 2009, S.170.

206 Vgl. *Mai, Holger*, GPM, 2006, S.23.

207 Vgl. *Dinter, Barbara*, Einsatzmöglichkeiten, 2008, S.231; vgl. hierzu auch die Ausführungen von *Oehler, Karsten*, Corporate, 2006, S.50.

208 Vgl. *Egeling, Thomas*, Umgang, 2009, S.13f..

Die Prozessorientierung basiert auf die Bereitstellung der IT-Infrastruktur, bankfachlicher Applikationen, Solutions und dem Sourcing. Zur Bereitstellung der Infrastruktur werden verschiedene Qualitätsverfahren (z. B. ITIL) herangezogen, die den Prozess beschreiben. Das Leistungsziel ist die Gewährleistung einer Vielzahl von Infrastrukturkomponenten (u. a. HW, DB, DWH). Die Bereitstellung bankfachlicher Applikationen orientiert sich an die Ergebnisse der Analyse von fachlichen Anforderungen und der zu unterstützenden Geschäftsprozesse. Daraus resultiert die fachliche sowie technische Spezifizierung der Architektur. Auf dieser Grundlage erfolgt die technische Umsetzung mit nachfolgenden mehrstufigen Testverfahren, ggf. Pilotierung und Roll-out. In der Bereitstellung von Solutions werden vollständige Prozessketten zusammengesetzt und mit einheitlichen Service Levels versehen. Dadurch werden individuelle Lösungen für fachliche Aufgaben bereitgestellt (integraler Bestandteil der WSK). Der Sourcing-Prozess kann zur Verringerung der IT-Komplexität führen. Durch das Sourcing-Konzept erfolgt eine Spezialisierung innerhalb der IT-Bereiche und die Auslagerung von Finanz-Teilfunktionen an externe und/oder interne Dienstleister (Out- oder Insourcing).[209] Im Vergleich zu anderen Branchen dominiert bei Banken immer noch die Eigenerstellung von Unternehmensprozessen aufgrund der strikten gesetzlichen und aufsichtsrechtlichen Vorgaben.[210] Das zu erreichende Ziel der Banken ist die Einführung einer hoch integrierten sowie flexiblen IT-Infrastruktur. Denn diese ermöglicht automatisierbare Prozesse auf einem hohen Qualitätsniveau mit Hilfe einer Standardsoftware, die weitgehend ohne manuelle Schnittstellen bestückt ist. Die Folge ist eine gemeinsame Datenbasis und eine einheitliche IT-Infrastruktur.[211]

Die Komplexität der IT in Banken ist ein nicht zu unterschätzender Kostenfaktor. Neben der Analyse und den Methoden führen sog. Business Rules[212] (Geschäftsregeln) zur Komplexitätsreduzierung. Durch die strikte Trennung von Geschäftsprozessen und Geschäftsregeln für den Finanzbereich können Prozesse schneller und flexibler angepasst werden. Voraussetzung ist die Identifikation der Business Rules in den Geschäftspro-

---

209 Vgl. *Moormann, Jürgen/ Schmidt, Günter*, Finanzbranche, 2007, S.320f..

210 Vgl. *Foldenauer, Michael/ Weise, Stephanie*, Outsourcing, 2009, S.144.

211 Vgl. *Doswald, Hugo*, Transparenz, 2008, S.12.

212 Vgl. hierzu auch die Ausführungen von *Vetter, Daniela/ Hilgert, Matthias/ Moormann, Jürgen*, Komplexität, 2008, S.30ff.: Richtlinien bzw. Geschäftspraktiken, die das Verhalten eines Unternehmens beeinflussen oder leiten.

zessen sowie ihre zentrale Dokumentation und Verwaltung. Das Ziel ist eine einheitliche, für die Fach- sowie IT-Seite verständliche und eindeutige Sprache. In Abbildung 16 werden die im Geschäftsprozess integrierten Business Rules extrahiert und in ein zentrales Regel-Repository eingestellt. Die strikte Trennung führt zu einem Prozessmodell, welches aus dem reinen Prozessablauf besteht und Verweise auf die Business Rules im Repository enthält. Dadurch lassen sich die Treiber der Komplexität (z. B. hohe Anzahl und Änderungsrate von Geschäftsregeln, unklare Definitionsanwendungen und redundante Dokumentationen) minimieren bzw. eliminieren und der Prozess wird effizienter.[213]

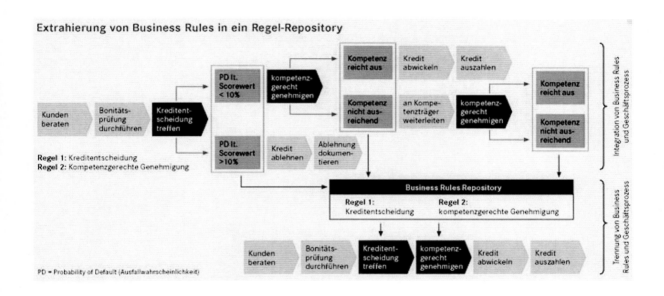

Abbildung 16: Extrahierung von Business Rules in ein Regel-Repository[214]

Ein praktisches Beispiel bei der Gestaltung der Geschäftsregeln zeigt die Abbildung A2 im Anhang. Anhand der Neukreditvergabe in einer Bank wird die Entscheidungskomplexität wesentlich reduziert.

---

213 Vgl. *Vetter, Daniela/ Hilgert, Matthias/ Moormann, Jürgen*, Komplexität, 2008, S.30ff..
214 Quelle: *Vetter, Daniela/ Hilgert, Matthias/ Moormann, Jürgen*, Komplexität, 2008, S.32.

Die nachfolgende Abbildung 17 zeigt die Optimierungsfelder der Geschäftsprozesse einer Unternehmung. Banken müssen Zeit, Kosten, Qualität und Risiken eines Prozesses in Einklang zu bringen, um eine maximale Wertschöpfung zu generieren. Oft scheitern diese an der Unübersichtlichkeit der bestehenden IT-Strukturen und am „Spartendenken" innerhalb eines Fachbereiches. Der Einsatz von Finanz-Business Rules (Regel-Repository), ein intelligentes Datenmanagement (Business Intelligence) sowie ein einheitlich strukturiertes IT-Banksystem mit SOA-Anbindung führen zu einer leistungsfähigen Gesamtbanksteuerung.

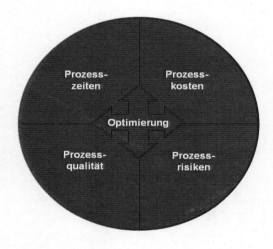

Abbildung 17: Optimierungsquadranten der Geschäftsprozesse[215]

Banken mit hohem Technisierungsgrad der Steuerung rufen negative Wirkungen wie prozyklische Reaktionen bei Marktschocks, Reduktion ihrer Diversifikation, homogene Verhaltensformen der Marktteilnehmer und durch den Einsatz von automatischen Dispositionsverfahren multiple menschliche Verhaltensanomalien hervor, die durch eine optimale und einheitliche IT-Planung aufgefangen werden können.[216] Die Wettbewerbsfähigkeit einer Unternehmung wird nicht nur durch Kosten, sondern auch durch nicht–monetäre Kriterien wie Kundenzufriedenheit und Flexibilität gemessen.[217] Durch strate-

---

215 Quelle: in Anlehnung an *Pfreundschuh, Bernd*, Prozesssteuerung, 2009, S.176.

216 Vgl. *Krotsch, Steffen/ Riese, Cornelius/ Thießen, Friedrich*, Systeme, 2007, S.1151.

217 Vgl. *Kluck, Dieter*, Materialwirtschaft, 2008, S.131.

gische Vernetzungen entstehen IT-Systeme, die übergreifend agieren, marktlich organisiert sind und eine bessere Steuerung der gesamten WSK ermöglichen.[218] Die Zentralisierung in Form von „Fabriken" führen zur Entlastung der Mitarbeiter und Kapazitäten, bedürfen jedoch einheitliche Schnittstellen, standardisierte Prozesse sowie eine durchgängige IT.[219] Die statischen Analysen konzentrieren sich auf die Auswertung von KPI`s mit Hilfe des Data-Mining-Werkzeugs.[220]

5 Analytische Applikationen im Finanzwesen

Im Fokus der Untersuchung steht die Gegenüberstellung von Standardsoftware (SSW) und Individualsoftware (ISW). Insbesondere stellt sich die Frage, ob eine Applikation als Gesamtlösung eingekauft werden soll („Best of Suite") oder die beste Applikation auf dem Markt für eine individuelle Lösung („Best of Breeds") herangezogen werden soll.[221]

5.1 Marktüberblick: Rechenkerne und Analysesoftware im Bankenwesen

Analytische Informationssysteme sind mittlerweile ein unverzichtbarer Bestandteil der Applikationslandschaft eines Unternehmens geworden und sie machen einen erheblichen Anteil am IT-Budget aus. Im Vordergrund stehen primär Fragestellungen des Betriebs und die kontinuierliche Weiterentwicklung analytischer Systeme im Rahmen sich verändernden Umweltbedingungen und Anforderungen. Durch die IT-Enabler DWH und BI wird nachhaltig ein Mehrwert durch systematische, bereichsübergreifende Zusammenführung von Informationen geschaffen.[222] Auf dem Markt existieren eine Vielzahl an Softwarelösungen, die für individuelle Unternehmensbereiche (custom software)[223] entwickelt wurden. Durch die Bindung an seine Software möchte jeder Anbieter seinen eigenen Standard dem Käufer näher bringen, um die sog. Lock-in Effekte (Preisbindung des Anbieters für Nachfolgeprodukte) zu realisieren.[224]

---

218 Vgl. *Picot, A. et. al.*, Unternehmung, 2003, S.73.
219 Vgl. *Pfreundschuh, Bernd*, Prozesssteuerung, 2009, S.170.
220 Vgl. *Bange, Carsten*, Informationssysteme, 2006, S.98 ff..
221 Vgl. *Oehler, Karsten*, Corporate, 2006, S.204.
222 Vgl. *Winter, Robert et. al.*, St. Galler, 2008, S.1f..
223 Vgl. *Gluchowski, Peter et. al.*, Management, 2008, S.11.
224 Vgl. *Picot, A. et. al.*, Unternehmung, 2003, S.66.

In der Tabelle 12 im Anhang werden fünf ausgewählte Anbieter für GBS-Software gegenübergestellt, die sich auf Teillösungen mit IFRS/Basel II-Modulen spezialisiert haben. Aus der Tabelle ist ersichtlich, dass die GBS-Angebote weitgehend identisch sind, nur die Bezeichnungen der verwendeten Komponenten variieren sich. Die Applikationen orientieren sich zum Großteil an dem in Kapitel 4.5.3.1 vorgestellten IFRS-Lösungsmodell. Die GBS-Architektur ist wie folgt aufgebaut:

- Gillardon (s. Abbildung 18): Die IT-Architektur besteht aus den vier Schichten interne/externe Vorsysteme, Kalkulationsschicht, FDWH und Auswertungs-/Simulationsschicht. Mit Hilfe der Module IFRS-Solution, sDIS+ sowie THINC können alle gestellten Anforderungen hinsichtlich der IFRS-Regularien und Risikobetrachtung nach Basel II erfüllt werden.

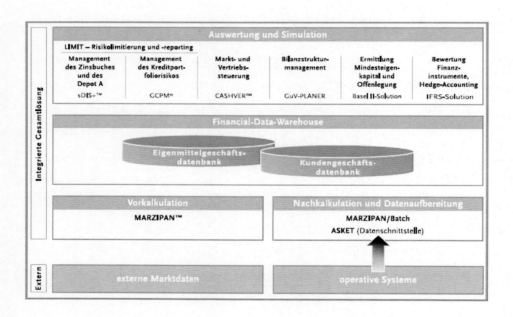

Abbildung 18: Gillardon - IT Architektur zur Gesamtbanklösung[225]

- Cellent (s. Abbildung 19): Die IT-Architektur besteht aus den vier Schichten Vorsysteme, FDWH, Marts (Analyseschicht) und Berichtsebene. Auffällig ist hier der Einsatz von Marts, um übergreifende Beziehungsmuster erkennen zu können.

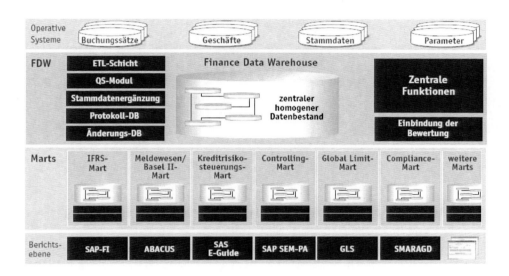

Abbildung 19: Cellent finance Solution - Überblick IT - Architektur[226]

- Finnova (s. Abbildung 20 auf S. 83): Die IT-Architektur besteht den drei Schichten integrierte Gesamtbanksteuerung, zentrale Datenhaltung und dem Application-Layer. Es ist anzunehmen, dass auch hier Vorsysteme vorgeschaltet sind und daher sind es im eigentlichen Sinne vier Schichten. Finnova nutzt Teilmodule des Gillardon-Pakets.

---

226 Quelle: *Cellent*, Hauptbroschüre, 2009, S.5.

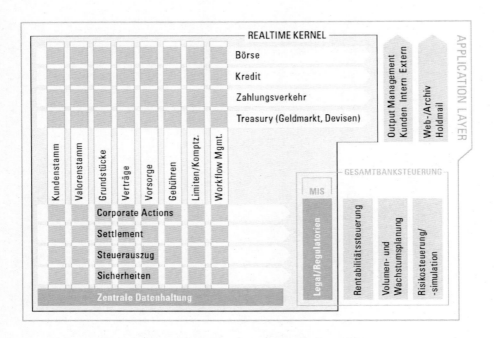

Abbildung 20: Finnova - Application Layer[227]

- ifb (s. Abbildung 21): Die IT-Architektur besteht aus den drei Schichten Datenbank inklusive der Vorsysteme, Rechenkern mit verschiedenen Methoden sowie eine vielfältige grafische Benutzeroberfläche (GUI/Graphical User Interface).

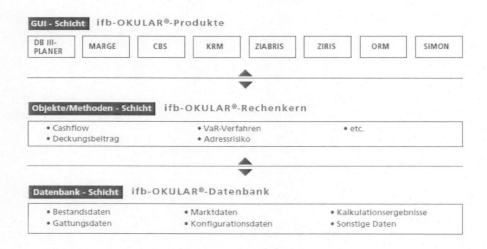

Abbildung 21: ifb - IT-Architektur[228]

---

227 Quelle: *Finnova*, Hauptbroschüre, 2009, S.13.
228 Quelle: *ifb*, Hauptbroschüre, 2009, S.8.

- BANCOS (s. Abbildung 22): Die IT-Architektur basiert auf eine Middleware. Das heißt, die Komplexität der Applikation ist nicht sofort ersichtlich, da die Middleware-Technik als eine Art Verteilungsplattform fungiert. Bei BANCOS wird zwischen den Schichten, Frontend, Middleware und Backend unterschieden. Im Backend erfolgt die Sicherung der Datenbestände. Über die Middleware-Schicht erfolgen online Zugriffe auf das Financial Repository. Diese können entweder direkt über das Frontend (Browser) angesprochen werden oder über weitere Applikationen können Daten auf externe Anwendungen übertragen werden. Diese Architektur ist vergleichbar mit einem Netzwerk.

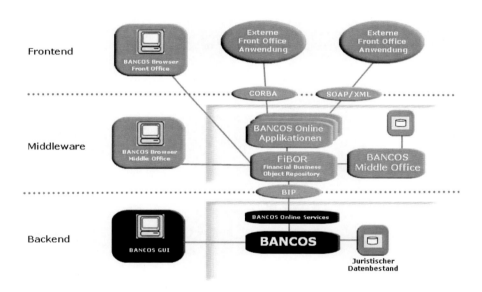

Abbildung 22: BANCOS - Middleware-Architektur[229]

Fernerhin bieten alle Anbieter mehrere Module, die untereinander und auch mit Produkten von Wettbewerbern kombinierbar sind. Die angebotenen Applikationen sind standardisiert und jederzeit skalierbar. Die Datensammlung erfolgt meistens über externe DWH-Anbieter (durch Kooperationen mit z. B. Oracle, IBM), die ohne Schnittstellenschwierigkeiten an die GBS-Applikation angebunden werden können.

---

229 Quelle: Produktinformation von *BANCOS*, Produktbroschüre, 2009, S.19.

5.1.1 Vergleich zwischen einer Standard- und Individualsoftwarelösung

Kosten- und Komplexitätskriterien zwingen Banken dazu, verstärkt Standardsoftware in ihren Unternehmungen einzusetzen, um mittels IT-Landschaft die Wettbewerbsfähigkeit langfristig zu sichern.[230] Ob Applikationen gekauft oder selbst entwickelt werden soll, hängt vom Reifegrad des Unternehmens ab. Je höher der IT-Reifegrad ist, desto unkomplizierter ist die Integration von zugekaufter Software.[231] Die Frage nach „Make or Buy" hat einen direkten Einfluss auf die Ausgestaltungen zukünftiger Geschäftsprozesse. Die Fremdentwicklung (Buy), Eigenentwicklung (Make) und die Fremdvergabe an externe Firmen (Let Make) sind die drei Entscheidungsalternativen.[232] Das Unternehmen kann sowohl auf ein Standardsoftwarpaket (SSW) als auch auf eine Individualsoftware (ISW) zurückgreifen. SSW sind Programme, die auf die Allgemeingültigkeit und den mehrfachen Nutzen ausgelegt sowie auf dem freien Markt zu kaufen sind. Eine SSW deckt nicht jeweils die spezifischen betrieblichen Anforderungen ab, so dass eine Anpassung (Customizing) notwendig wird, welche zum Teil dann auch kostenintensiv werden kann. Flexibilität und Unabhängigkeit bietet die ISW. Die ISW ist dann notwendig, wenn keine SSW am Markt verfügbar sind aufgrund einer begrenzten Nachfrage sowie bei unternehmensindividuellen Entscheidungshilfen, wo Wettbewerbsvorteile erwartet werden.[233] Im Gegenzug entstehen auch Nachteile, wie z. B. die gesonderte Schulung des Personals und die begrenzte Kapazität bei der Wartung und Erweiterung von Anwendungen. Nur wenige Institute wagen sich noch an die Eigenerstellung operativer Systeme heran. Häufig wird dort eine ISW eingesetzt, wo der Wettbewerbsvorteil hoch ist und sich der Geschäftsprozess von anderen Instituten deutlich unterscheidet.[234]

Der permanent hohe Kostendruck und das Flexibilitätspostulat bei Banken erfordern eine kontinuierliche Modernisierung der IT. Diese Tatsache führt oft zur Debatte, ob AwS besser selbst entwickelt oder als SSW zugekauft werden sollen. Hierbei spielen die Systeme zur Banksteuerung eine wesentliche Rolle, denn diese betreffen den struk-

---

230 Vgl. *Bussmann, Johannes/ Zahn, Markus*, Wunsch, 2008, S.66.

231 Vgl. *Rothe, Alexander*, Wiederverwendung, 2003, S.135.

232 Vgl. *Gómez, Marx/ Junker, Horst/ Odebrecht, Stefan*, IT-Controlling, 2009, S.273ff..

233 Vgl. *Stahlknecht, Peter/ Hasenkamp, Ulrich*, Einführung, 2005, S.295ff.; zum SSW und ISW vgl. hierzu auch die Ausführungen von *Gadatsch, Andreas*, Management, 2002, S.250ff..

234 Vgl. *Moormann, Jürgen/ Schmidt, Günter*, Finanzbranche, 2007, S.52.

turellen Kern der Bank.[235] Eine Studie von *Accenture/SAP* (2005) zeigt, dass Banken im Durchschnitt acht bis zwölf Wochen benötigen, um ein neues Produkt zu entwickeln und auf ihre Markttauglichkeit zu testen. Zusätzlich kommen weitere neun Monate hinzu, bis die Neuprodukte in der IT vollständig integriert sind.[236] Die Banken stecken in einem Dilemma. Auf der einen Seite belastet der hohe Kostenfaktor der IT-Investition und auf der anderen Seite stellt die IT den kritischen Erfolgsfaktor für die Wettbewerbsdifferenzierung in Produkten und Dienstleistungen dar. Die Kosten für die Aufrechterhaltung des Betriebs (Run-the-Bank-Kosten) verschieben sich in kalkulationsfähige Wartungsverträge auf die Hersteller von SSW und dies kann Kostensenkungspotenziale eröffnen. Die Kosten für die Weiterentwicklung bankfachlicher Funktionen (Change-the-Bank-Kosten) lassen sich ebenso durch den Einsatz von SSW verringern bzw. vermeiden.[237]

Wie aus der nachfolgenden Abbildung 23 zu entnehmen ist, ist die Frage nach SSW oder ISW abhängig von dem Wettbewerbsvorteil und Entwicklungsaufwand. Je höher der Wettbewerbsvorteil ist, desto lohnenswerter ist die Eigenentwicklung der Software, um sich von der Masse abzuheben. Im Mittelfeld der Vorteilsbewertung kann die Bank einen Teil seiner Anwendung an externe Dritte auslagern oder in Kooperation mit anderen Banken die Synergiepotenziale ausbauen.

---

235 Vgl. *Bussmann, Johannes/ Zahn, Markus*, Wunsch, 2008, S.66.
236 Vgl. *Göckenjan, Christian/ Mang, Frank*, Erneuerung, 2006, S.32f..
237 Vgl. *Bussmann, Johannes/ Zahn, Markus*, Wunsch, 2008, S.66f.

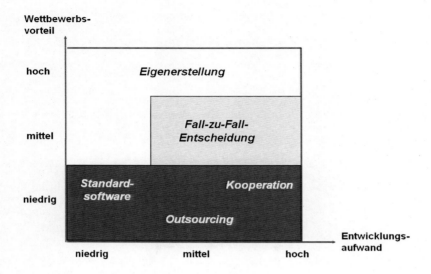

Abbildung 23: Entscheidungsportfolio zur Make or Buy - Unterstützung[238]

Das Drei-Säulen-System[239] der Banken zwingt zu einer differenzierten Betrachtung des Marktes für SSW. Durch die zukünftigen Zusammenschlüsse (z. B. die Postbank mit der Deutschen Bank) können Geschäftsbanken signifikante Skaleneffekte realisieren, die den Druck auf die übrigen Privatbanken mit ihren überwiegend selbst entwickelten IT-Lösungen erhöhen. Die öffentlich-rechtlichen Institute sind allein durch ihre Marktdurchdringung Vorreiter in der Einführung von SSW und maßgeblich an der Standardisierungsentwicklung der SW beteiligt. Der Anteil an den Gesamtkosten für die Banken-IT beträgt für SSW 8% in Deutschland. Das jährliche Wachstum am Anteil beträgt pro Jahr ca. 6%. Der Markt für SSW kann somit als unterentwickelt bezeichnet werden. Eine schnelle Marktpenetration der flexibel anpassbaren SSW (integrierte SSW) wäre für die Banken aufgrund der Skaleneffekte von Vorteil statt einer ISW. In den großen Ban-

---

238 Quelle: *Moormann, Jürgen/ Schmidt, Günter*, Finanzbranche, 2007, S.70.

239 Vgl. hierzu auch die Ausführungen von *Schrooten, Mechthild*, Bankensektor, 2008, S.78: Bei dem Dreisäulenmodell der Banken wird unterschieden öffentlich-rechtliche Institute (ca. 50% Marktanteil an Kernbanksystemen), die Kreditgenossenschaften (ca. 25% Marktanteil Kernbanksystemen) und die Geschäftsbanken.

ken bleiben jedoch die proprietären und gewachsenen Softwarelösungen aufgrund der hohen verfügbaren Individualisierung auf absehbare Zeit bestehen.[240]

Eine integrierte SSW muss klar strukturiert und mit einer umfassenden Dokumentation versehen sein. Die Bezeichnung „Standardsoftware" ist nur dann gegeben, wenn sie mehrmals identisch in Unternehmen installiert ist. Die individuelle Anpassung (Parametrisierung) erfolgt hauptsächlich durch das Ändern von Parametern, nicht jedoch durch zusätzliche Programmierung. Im Gegensatz dazu beschreibt Customizing den Vorgang der zusätzlichen individuellen Programmierung der SSW. Die Grundunterscheidung für eine SSW erfolgt in Gesamtpaketen und/oder Teillösungen. Der SAP Bank Analyzer ist z. B. eine Teillösung für die Banksteuerung. Aber auch Nischenprodukte wie z. B. von i-flex Solutions, der auf Client-Server-Lösungen basiert, erobern zunehmend den Markt in der IT-Bankenlandschaft. Gesamtpakete dagegen sind für Banken oftmals nicht akzeptabel aufgrund ihrer starren Struktur und fehlende Kompatibilität zu singulären Geschäftsprozessen einer Bank. Der Trend geht in Richtung Softwarepakete, welche hauptsächlich den Buchungskern (für alle Konten) sowie die Kundenstammdaten umfassen. Diese Pakete werden als Kernbanksoftware (Core Banking Software bzw. Back-Office-Systeme) bezeichnet.[241]

Folgende generelle Anforderungen an die SSW sind für die Steuerung von Banksystemen erforderlich (s. nachfolgende Tabelle 9):

---

240 Vgl. *Bussmann, Johannes/ Zahn, Markus*, Wunsch, 2008, S.68f..
241 Vgl. *Moormann, Jürgen/ Schmidt, Günter*, Finanzbranche, 2007, S.56ff..

Generelle Anforderungen an die SSW	
1	Beherrschbare fachliche und technische Komplexität der Systeme.
2	Günstige Stückkosten bzw. stark automatisierte Prozesse für die Effizienz der Systeme.
3	Differenzierung im Wettbewerb für die divergierenden Bankanforderungen
4	Parametrisierbarkeit
5	Multifähigkeit (Sprachen und Währung)
6	Regulatorische Compliance
7	Flexible IT-Plattform im Sinne einer serviceorientierten Architektur (SOA).
8	hohe Performance und Stabilität

Tabelle 9: Generelle Anforderungen an die SSW[242]

Die in Kapitel 4.6.2 beschriebene industrialisierte Datenmodellierung in Verbindung mit dem hohen BI-Reifegrad vereinfacht die Implementierung von SSW in den Banken.

5.1.2 Anpassungsfähigkeit der Software

Den höchsten Anpassungsgrad (Parametrisierbarkeit) weist die ISW auf. Jedoch greifen Banken aufgrund von Ressourcenbeschränkungen (z. B. Personal, Budget, etc.) auf eine flexible und integrierte SSW als Kompromisslösung zurück. Alle vorgestellten GBS-Applikationen können an die individuelle Umgebung der Bank grds. angepasst werden. Dafür besitzen sie entsprechende Schnittstellen zur Anbindung an die bestehenden Banksysteme. Für eine optimale Anpassung sowie Skalierbarkeit ist jedoch eine gründliche Analyse mit anschließender Synthese vorzunehmen, welcher die Geschäftsprozesse einschließlich der Business Rules und vorhandenen IT-Systeme umfasst, um darauf aufbauend ein effektives und effizientes IT-System mit flexibler SSW einzurichten.

Kooperationen bei der Anwendungsentwicklung können für Banken durchaus sinnvoll sein. Mehrere Institute entwickeln gemeinsam die Software, Softwareteile oder Softwareobjekte. Die Wartung können Banken entweder gemeinsam oder getrennt vonein-

---

242 Quelle: in Anlehnung an *Bussmann, Johannes/ Zahn, Markus*, Wunsch, 2008, S.71.

ander vornehmen. Kooperationen sind da sinnvoll, wo kein strategischer Wettbewerbsvorteil vorliegt um eine kostengünstige Abwicklung des Mengengeschäfts zu gewährleisten. Die Akzeptanz der Basisarchitektur des Kooperationspartners sowie identische Schnittstellen sind wesentliche Voraussetzungen.[243]

5.1.3 Kosten- und Aufwandsvergleich

Die IT-Kosten können größtenteils nur geschätzt werden. Die IT-Ausgaben in dt. Banken betragen ca. 15% bis 20% der Verwaltungsausgaben in der GuV. Die Aufwände für bankbetriebliche Software liegen bei einem Kernbuchungssystem in einer Größenordnung von mehr als 120 Mio. € und ist mit einem Implementierungsaufwand von drei bis fünf Jahren verbunden. Für ein Controllinggesamtsystem werden mehr als 50 Mio. € ausgegeben mit einem Zeitaufwand von zwei bis vier Jahren. Zum Beispiel hat die Postbank in die Einführung eines Kernbanksystems auf SAP-Basis in 2003 ca. 250 Mio. € investiert, die Sparkassen Informatik GmbH (seit 2003 als FinanzIT GmbH) für das Kernbanksystem OS PLUS (Eigenentwicklung) in 2005 mehr als 500 Mio. € und eine große Bank für Basel II-Anpassungen der IT-Systeme (Eigenentwicklung) in 2005 mehr als 100 Mio. €.[244] Nach einer Studie von *PWC* (2008) betragen die IT-Kosten pro Mitarbeiter in den Banken ca. 8.157 € (Medianwert). Im Vergleich zu anderen Branchen liegen diese Kosten ca. 3,5-fach höher, was den hohen IT-Investitionsaufwand in der Bankenbranche verdeutlicht.[245] Europäische Banken müssen in den nächsten Jahren ca. 50 Mrd. Euro in eine neue IT-Infrastruktur investieren, um auf den aktuellsten Stand der Technik zu kommen, so die Erwartung des Marktforschungsinstituts *Forrester Research*. In Einzelfällen werde die Umrüstung mehr als 250 Mill. Euro IT-Kosten betragen.[246] Aus der Delphi-Studie geht hervor, dass die Kosten für die Anpassungen der Individualentwicklungen im Schnitt ca. 1 Mio. € betragen im Gegensatz zu Standardlösungen, die ca. 0,5 Mio. € an Kosten verursachen. Hierbei handelt es sich eher um kleinere Änderungen.

---

243 Vgl. *Moormann, Jürgen/ Schmidt, Günter*, Finanzbranche, 2007, S.53.

244 Vgl. hierzu auch die Ausführungen von *Moormann, Jürgen/ Schmidt, Günter*, Finanzbranche, 2007, S.30ff.: In 2004 betrugen die geschätzten Ausgaben bei der Deutschen Bank 2,6 Mrd. €, Hypovereinsbank 900 Mio. €, Dresdner Bank 800 Mio. € und Commerzbank 670 Mio. €. Allein die zehn größten dt. Banken haben zwischen 6 und 6,5 Mrd. € (2004) für ihre IT ausgegeben.

245 Vgl. *PWC*, Wertbeitrag, 2009, S.5.

246 Vgl. *Nonnast, Thomas*, Neue IT, 2005, S.1.

Ein Unternehmen kann durchaus in eine Investitionsfalle geraten. Das Risiko besteht dann, wenn u. a. aufgrund veränderter Budgetsituation und steigender Systemkomplexität ein erheblicher Teil des IT-Budgets für laufende Aufgaben wie Betrieb und Wartung aufgewendet wird. Die Folge ist eine zwangsläufig geringere Neuinvestition durch das Unternehmen.[247]

5.2 Die Gesamtbanksteuerung am Beispiel des SAP-Bank Analyzer als Standardlösung

Das charakteristische Merkmal einer modernen Banksteuerung ist eine zentrale Datenhaltung und Methodenkonsistenz über alle Auswertungsverfahren. SAP trennt strikt zwischen den operativen Systemen und den Anwendungen der Gesamtbanksteuerung (SEM). Aus den operativen Systemen werden Daten extrahiert, die in einer zentralen Datenbank (Financial Database) zur Verfügung gestellt und die Prozesse der Gesamtbanksteuerung im Applikationsbereich „Banksteuerung" zentralisiert werden. Die Aufgaben der Banksteuerung umfassen u. a. die strat. Entscheidungsunterstützung, Bilanzierung, Profitabilitätsberechnungen, Aktiv-Passiv-Steuerung, das Risikomanagement und das Meldewesen.[248]

5.2.1 Operative Systeme

Operative Systeme enthalten Primärdaten, die im Laufe der Geschäftstransaktionen entstehen. Steuerungsdaten werden in eine Vielzahl an operativen Systemen importiert und mit Hilfe von Reportingtools oder DWH zusammengeführt. Aus Revisionssicht ergeben sich oftmals Inkonsistenzen durch die vielfach eingesetzten Excel- und Accessbasierten Individuallösungen. Die Gesamtbanksteuerung hat die Aufgabe, sich die Steuerungsergebnisse aus den dezentralen operativen Systemen zu beschaffen und diese in eine zentrale IT-Infrastruktur zu integrieren. Das Ergebnis ist eine homogene Datenbasis aller Bankgeschäfte, mit der eine qualitativ hochwertige Weiterverarbeitung möglich ist.[249]

---

247 Vgl. *Wöbking, Friedrich/ Kaske, Burghard-Orgwin*, IT Management, 2006, S.147.
248 Vgl. *Moormann, Jürgen/ Schmidt, Günter*, Finanzbranche, 2007, S.123.
249 Vgl. *Färber, Günther/ Kirchner, Julia,* Analyzer, 2004, S.71ff..

5.2.2 Financial Database

Die SAP Financial Data Base (FDB) beinhaltet relevante Vertrags-, Bewegungs- und Stammdaten, die für die Banksteuerung notwendig sind. Die zentrale (bereichsübergreifende) und redundanzfreie Zusammenführung der Ausgangsdaten an einer Stelle ist das architektonische Schlüsselelement für die Daten- und Ergebniskonsistenz. Die funktionale Rolle als ODS übernimmt die FDB durch die Abbildung der zentralen Originaldatenbasis. Sie fokussiert sich im Kern auf die Datenhaltung. Kennzeichnend für die FDB ist die flexible Datenmodellierung, um die maximale Breite von Kundenanforderungen umsetzen zu können. Die sog. Primärobjekten-Form stellt eine Grundmenge von Informationen nach logisch getrennten Entitäten (z. B. Marktdaten, Transaktions- und Bestandsinformationen) dem Anwender zur Verfügung. Die individuelle Anpassung des Datenmodells erfolgt jedoch bei der Implementierung bei dem Kunden. Ein weiteres Kernelement in der FDB ist die Ansiedlung der Verarbeitungs- und Berechnungsverfahren, die allgemein über einen einzelnen Analyzer gültig sind. Die FDB beinhaltet darüber hinaus noch weitere Funktionen, die die Infrastruktur des Datenmanagements und der Administration betreffen. Diese sind zwingend notwendig für den eigentlichen operativen Aufbau und Betrieb eines DWH. Die FDB ist kein EDWH und unterscheidet sich deutlich von anderen DWH-Lösungsansätzen wie z. B. die reinen Datenbankmodelle (Reduktion der Modellierungsaufwände und Stabilität des Datenmodells bei fachlichen Erweiterungen) oder relationalen Datenbanken (datenbanktechnische Plattform für eine ODS). Die FDB entspricht eher dem ODS bzw. Geschäftsdatenspeicher im Banksteuerungssystem. Diese unterscheiden sich in der fachlichen Breite, der geringeren Flexibilität bei der Abbildung von Kundendatenstrukturen, des geringeren Umfangs der Infrastrukturleistungen sowie der geringeren Unabhängigkeit von der Hardware und der Datenbanksoftware. Die FDB kann für übergreifende Komponenten, IFRS-Lösungen und Basel II-Lösungen verwendet werden. Sie besitzt plattformunabhängige Schnittstellen (via BAPI/Business Application Programming) für die Anbindung operativer Vorsysteme oder Middleware-Tools.[250] Bei einem Vergleich zwischen fünf zufällig ausgesuchten Software-Anbietern stellt sich heraus, dass alle Hersteller über eine

---

250 Vgl. *Färber, Günther/ Kirchner, Julia,* Analyzer, 2004, S.155ff..

zentrale FDB bzw. FDWH verfügen (siehe Anhang ab S. XII), die Daten für das Rechnungswesen aufbereiten und zur Verfügung stellen.

5.2.3 Analyzer

Die Komponente Balance Analyzer erstellt einen vollständigen Jahresabschluss nach parallelen Rechnungslegungsvorschriften in einer heterogenen Systemlandschaft. Bei der Erstellung werden eine Fülle an Daten aus verschieden Vorsystemen verarbeitet. Insbesondere greift die Komponente auf die FDB zu, um alle benötigten Daten zu generieren. Bei der Abschluss-Erstellung können ca. 80% der Daten aus den lokalen Abschlüssen in einem IFRS-Abschluss wieder verwendet werden, ca. 20% der Daten müssen neu bewertet werden. Der Analyzer hat die Aufgaben, IAS-konforme Bewertungen von Finanzbeständen, die Zusammenführung von Local-GAAP und IAS-Salden sowie das Vorbereiten von Berichten zu gewährleisten. Für die IAS-Bewertung verfügt der Analyzer eine eigene Teilkomponente für die IFRS-Buchhaltung, um die komplexen und vielfältigen IFRS-Richtlinien bzw. Vorschriften umsetzen zu können.[251]

5.2.4 Reporting

Das Reporting der FDB-Daten bzw. die Analyzer-Ergebnisse werden durch die Komponente Reporting-BW (SAP Business Warehouse-Server) oder auch durch das FDB-Reporting übernommen. Die Reporting-BW- Komponente stellt umfangreiche Funktionalitäten zur Aufbereitung und Auswertung betriebswirtschaftlicher Datenbestände zur Verfügung. Sie ist das zentrale Berichts- und Auswertungsplattform der SAP-Softwarelösung und ist für die multidimensionale Analyse von strukturierten Daten konzipiert. Importierte Daten können in drei Datenschichten abgelegt werden. Die „ODS-Schicht" ist für die nahezu in Echtzeit durchführbaren relationalen Analysen auf einem operativen Datenbestand zuständig. Die Schicht „DWH" kann multidimensionale Analysen von feingranularen Daten durchführen. Die letzte Schicht „Multidimensional Model" übernimmt die multidimensionale Analyse von aggregierten Daten. Die BW-Komponente bietet die Möglichkeit, weitere Fremdsysteme als Datenlieferanten anzuschließen. Die Anbindung erfolgt meist über BAPIs und per Webservice (Daten in

---

251 Vgl. *Färber, Günther/ Kirchner, Julia,* ebenda, S.332ff..

XML/A-Format) oder auch EAI[252]-Komponenten. Das FDB-Reporting ermöglicht ebenso die Aufbereitung und Auswertung von Primärobjektdaten (aus der FDB) sowie Ergebnisdaten (aus den Analyzern) in Berichten. Zu den Aufgaben des FDB-Reporting gehören u. a. die Flexibilisierung des Reportings und das Ad-hoc-Reporting. Neben primäre Datenquellen werden hierbei auch Sekundärquellen verwendet, die die Ergebnisse entsprechend sinnvoll ergänzen.[253]

5.3 Praktische Anwendbarkeit von neuen Gesetzesanforderungen

Der SAP Balance Analyzer ist ein Modul von SAP, welches die IFRS-Regelungen adäquat umsetzen kann. Aufgrund seiner Multi-GAAP-Fähigkeit (parallele Führung von IAS und lokaler Rechnungswesenstandards) kann es für alle neuen Rechnungslegungsvorschriften (HGB, US-GAAP usw.) zweckmäßig erweitert werden durch die Methodenergänzungen. Daneben unterstützt das Modul die Harmonisierungsbestrebungen von internem und externem Rechnungswesen.[254] Mit dem Modul IFRA (Integrated Finance and Risk Architecture des SAP Bank Analyzer 6.0) können die Anforderungen aus dem Rechnungswesen und Risikomanagement optimal umgesetzt werden und entspricht dem Vier-Schichtenmodell der ausgesuchten Softwareanbieter (s. nachfolgende Abbildung 24).

---

252 Vgl. hierzu auch die Ausführungen von *Ferstl, Otto K./ Sinz, Elmar J.*, Grundlagen, 2008, S.254f.: Enterprise Application Integration (EAI) ist eine Methode für die Einführung eines durchgehend integriertes Aufgaben- und Aufgabenträgersystem als Integrationsziel.

253 Vgl. *Färber, Günther/ Kirchner, Julia,* Analyzer, 2004, S.224ff..

254 Vgl. *Färber, Günther/ Kirchner, Julia,* Analyzer, S.160f..

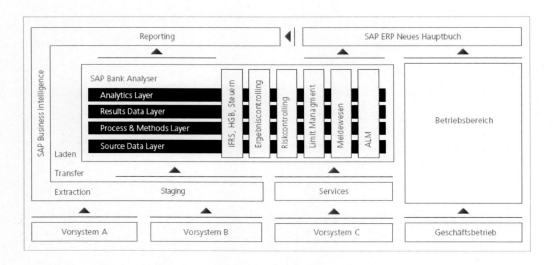

Abbildung 24: IFRA-Architektur des SAP Bank Analyzer 6.0[255]

Auch andere Softwarehersteller besitzen entsprechende Implementierungsmöglichkeiten für die Umsetzung neuer Regularien in ihren Rechenkern-Modulen. Der Unterschied liegt vielmehr darin, ob die Anpassung automatisiert oder manuell erfolgen muss, denn hierbei werden unterschiedlich hohe Kosten verursacht.

5.4 Pro und Contra der Softwarelösungen hinsichtlich der gestellten Anforderungen

Aus der nachfolgenden Tabelle 10 ist ersichtlich, dass die ISW (16 Pkt.) trotz ihrer Nachteile die SSW (8 Punkten) schlägt. Bei beiden Varianten jedoch gibt es mehr Gründe für als gegen ihren Einsatz.

---

255 Quelle: *ifb*, Controlling und Reporting, 2009, S.2; http://www.ifb-group.com/html/download/eigenpublikationen/brochures/ifb-SAP_IFMA-D.pdf (2009-07-29; 12:10 MEZ)

Pos.	SW-Anforderungen	SSW		ISW	
		Pro	Contra	Pro	Contra
1.	Beherrschbare fachl. & techn. Komplexität der Systeme	ist gegeben	Grenzen der Leistungsfähigkeit	ist gegeben	mit hohem Aufwand & Kosten verbunden
2.	Möglichkeit automatisierter Prozesse	hoch	-	sehr hoch	-
3.	Möglichkeit der Wettbewerbsdifferenzierung für unterschiedlichen Bankanforderungen	in Grenzen möglich	physische Grenze der Leistungsfähigkeit	möglich	mit hohem Aufwand & Kosten verbunden
4.	Parametrisierbarkeit anhand von Parametern	möglich & benutzerfreundlich	z. T. fehlen indiv. Parameter	möglich	-
5.	Customizing mit indiv. Programmierung	-	nicht möglich	möglich	verbunden mit Programmierkenntnissen und hohen Kosten sowie Ressourcenaufwand
6.	Multifähigkeit (Sprachen und Währung)	möglich, aufgrund der internationalen IFRS-Anforderungen	-	möglich, aufgrund der internationalen IFRS-Anforderungen	-
7.	Regulatorische Compliance / Basel II & IFRS	möglich	mit geringem Aufwand verbunden	möglich	mit hohem Aufwand verbunden
8.	Flexibilität	-	mittelmässig, je nach Produkt abhängig; meistens Kompromiss	hoch	-
9.	hohe Performance und Stabilität	ja	-	ja	teilweise Störungen durch Fehler
10.	Kosten Anschaffung	geringe AK	weniger Leistung	Individuallität schlägt die Kosten	hohe AK in Abhängigkeit zu der Leistung
11.	Kosten Wartung & Service	Wartungspauschale	Abhängigkeit zum Anbieter	kundenspezifische Wartungsleistung	hohe indiv. Wartungs- und Servicekosten
12.	Time-to-market für neue Finanzprodukte	schnell & z. T. mit Kompromissen	evtl. fehlende Spezifizierungsmöglichkeiten & damit suboptimal	schnell & optimal	mit hohem Aufwand verbunden
13.	GBS als Gesamtpaket	möglich	nicht deckungsgleich mit den bestehenden Bankprozessen	möglich	sehr kostenintensiv, da alle Module speziell für die Bedürfnisse erstellt werden müssen
14.	GBS als Teillösung	möglich & optimal	evtl. Schnittstellenprobleme	möglich & optimal	-
	Summe der erreichten Bewertungspunkte:	37	29	42	26
	Erreichte Punktzahl:	8		16	

grün = 3 Punkte; gelb = 2 Punkte; rot = 1

Tabelle 10: Vergleich Standard- und Individualsoftware[256]

256 Quelle: eigene Darstellung

5.5 Kritische Würdigung der Softwarelösungen

Optimal ist eine flexible, integrierte SSW, die von beiden Alternativen (s. Tabelle 10 auf S. 93) nur die Vorteile herausfiltert und die Nachteile entsprechend eliminiert bzw. so weit es geht minimiert (Kompromisslösung). Im Endergebnis wären nur drei Anforderungen (Position 1, 10 und 13 in der Tabelle 10), die den Einsatz einer flexiblen, integrierten SSW einschränken könnten. Durch eine entsprechende Neuausrichtung des IT-Systems an die Geschäftsprozesse (siehe Kapitel 4.6) können die beiden letzteren Nachteile kompensiert werden.

6 Delphi-Studie über den praktischen Einsatz von Analyseapplikationen im Finanzwesen

Die Delphi Befragung ist ein Verfahren zur Informationsgewinnung auf der Grundlage strukturierter Gruppenbefragung. Zu den Merkmalen der Delphi-Methode gehören u. a. die Anonymität der Teilnehmer, die iterative Befragung mit kontrollierter Rückkoppelung und die Darstellung der Gruppenantwort durch statistische Kennzahlen. Der grundlegende Ablauf der Befragung erfolgt in mehreren Schritten. Zunächst wird eine Auswahl der zu befragenden Experten getroffen. Im Anschluss daran erfolgt die erste Expertenbefragung. Nach Beendigung der ersten Fragerunde beginnt die erste Analyse und Zusammenfassung der abgegebenen Antworten. Die zweite Befragung beginnt im Anschluss der Bekanntgabe der Ergebnisse aus der ersten Befragung. Dieser Prozess kann beliebig oft wiederholt werden. Die Ergebnisformulierung bildet das Ende der gesamten Expertenbefragung.[257] Der Zugang zu den subjektiven Sichtweisen von IT-Experten mit den beruflichen Schwerpunkten IT-Systemspezialist, Rechnungswesen, IT-Consulting, Banking, Software-Entwicklung und IT-Management erfolgt durch eine auf sie individuell zugeschnittene Delphi-Befragung. Dabei wurde die Erhebung in Form einer zweistufigen Expertenbefragung durchgeführt. Die Experten sind für verschiedene Unternehmen tätig, wie u. a. Accenture AG, Commerzbank AG, Deutsche Börse AG, TeraData GmbH, usw.. .

---

257 Vgl. *Corsten, Hans/ Gössinger, Ralf*, Lexikon, 2008, S.159.

6.1 Vorgehensweise bei der Befragung

Die Online-Befragung nach der Delphi-Methode erfolgt in einem zweistufigen und rückgekoppelten Befragungsverfahren. Dabei stehen 57 ausgewählte Fragen aus den Bereichen wirtschaftliches Umfeld, Finanzmarktkrise und IFRS/HGB, Datenmanagement, Datenintegrationstechniken, BI, DWH, BPM und IT-Trends im Mittelpunkt der Befragung. Die erste Stufe der Befragung (470 Experten) erfolgte vom 09.07.2009 bis zum 15.07.2009. In der zweiten Fragerunde (15. 07.2009 bis zum 22.07.2009) wurde dieser Fragebogen zusammen mit den Gesamtergebnissen aus der ersten Fragerunde erneut den Experten (9 Mails) vorgelegt, um eine Reflexion und Korrektur der Antworten zu erhalten.

6.2 Ergebnisse der Umfrage

Folgende auffällige Erkenntnisse lassen sich aus der Delphi-Studie zur IT-Gesamtbanksteuerung ableiten (s. nachfolgende Tabelle 11):

	Auffällige Erkenntnisse aus der Delphi-Studie
1	Die Finanzmarktkrise wirkt sich in der IT und in der Gesamtbanksteuerung stark aus.
2	Die Banken nutzen überwiegend verteilte, eigenentwickelte IT-Systeme mit breiter Datenbasis verschiedener Hersteller (40% der Befragten).
3	Auffallend ist, dass überwiegend nur fachabteilungsspezifische IT-Standardisierungen vorliegen (24%).
4	Sourcing von analytischen Applikationen ist größtenteils nicht in Betracht gezogen worden (62%), nur bei 29% war die Nearshore-Auslagerung vorhanden.
5	Die Zufriedenheit bzgl. der Datenqualität ist gut (50%) bis ausreichend (38%). Jedoch ist zu bemerken, dass kein Teilnehmer mit der Informationsversorgung sehr zufrieden ist. Der überwiegende Teil der Banken besitzt nur eine passive Datenpflege (65%) im Sinne des Closed-Loop Prozesses. Ein ganzeinheitlicher CPM-Ansatz zur proaktiven Steuerung der Geschäftsprozesse ist zwar vorhanden (34%), jedoch so die Experten (52%) sind diese hauptsächlich rudimentär vorhanden.
6	Die Umsetzung neuer Regularien in die IT-Struktur dauert ca. 3-4 Monate (51%). Einige Banken brauchen mehr als 5 Monate für die Umsetzung (33%).
7	Der größte Teil der Banken setzt ein klassisches Data Warehouse (90%) ein und hat mehr als 20 eingebundene Quellsysteme (73%).
8	Neuere Entwicklungen in Richtung Web 2.0 sind in Banken größtenteils nicht umgesetzt bzw. nicht geplant (39%). Sogar 61% nutzen keine Web-Center Applikationen, da die Unsicherheit über das Internet überwiegt. Sog. Virtualisierungs-Trends wie z. B. Cloud Computing wird demnach auch nur verhalten in den Banken eingesetzt (7 Teilnehmer).

Tabelle 11: Auffällige Erkenntnisse aus der Delphi-Studie[258]

Die zweite Fragerunde blieb ohne Resonanz, d. h. die Experten bestätigten das Ergebnis aus der ersten Fragerunde.

6.3 Kritische Würdigung der Ergebnisse

Die Delphi-Studie (s. Abbildung 30 im Anhang) zeigt, dass ein IT-Banksteuerungssystem eine große Bedeutung (60%) für die Bank hat. Ein einheitliches IT-Verarbeitungssystem liegt nicht vor (40%), sondern die Datenbasis ist sehr heterogen. Auffällig ist, dass manuelle Änderungen im Releasezyklus bevorzugt werden (35%), was wiederum Zeitverluste verursacht. Die Softwareanpassung wird von den Befragten als mittelschwer (56%) bis schwierig (40%) eingestuft. Mit Hilfe des IT-Systems und der zugehörigen Bankapplikationen werden grds. ähnliche Geschäftspro-

---

258 Quelle: eigene Darstellung

zesse unterstützt (zwischen 9% und 12%). Auffällig ist, wie zuvor erwähnt, dass Kennzahlen (24%) und Dimensionen (18%) fachabteilungsspezifisch definiert und externe Daten integriert sind (19%) und damit der Standardisierungsgrad ansatzweise in Banken vorhanden ist. Hier besteht vor allem Handlungsbedarf hinsichtlich einer unternehmensweit einheitlichen Kennzahlen- und Dimensionsbasis, denn laut Umfrage liegen in 7% der Banken unstrukturierte Daten und in 6% der Fälle keine Standardisierung vor. 80% der Befragten halten die Software-Standardisierung für wichtig und damit ist diese Trendbeobachtung ein wesentlicher Erfolgsfaktor für eine Bank. Ein Outsourcing von analytischen Bankapplikationen wird von 62% der Experten verneint, lediglich Nearshore (29%) wird betrieben. In einer globalisierten Wirtschaft ist jedoch eine verstärkte Auslagerung unumgänglich, wenn Kosteneffekte realisiert werden sollen. Dadurch lassen sich zum Teil fixe Kosten erheblich reduzieren (z. B. Wartung, Aktualisierungen, etc..).

Die technische BI-Architektur ist nach Expertenmeinung sehr heterogen, woraus Rückschlüsse auf die heterogene IT-Landschaft gezogen werden können. Grundsätzlich werden Data Marts mit zentralen DWH und gemischte Architekturen in Banken eingesetzt (jeweils 21%). Metadaten sind größtenteils über ETL-Prozesse im IT-System einbezogen (40%) und sind auf mehrere Repositories verteilt (36%). Bei allen Experten ist eine generelle Zufriedenheit bzgl. der Datenbereitstellung (50%), der Informationsmenge (77%) und Datenqualität festzustellen. Auffällig ist jedoch, dass die überwiegende Mehrheit der Befragten (65%) im Rahmen eines Closed-Loop Prozesses nur eine passive und damit eine einseitige Datenpflege betreibt. Die Steigerung der Datenqualität ist nur dann gewährleistet, wenn die Daten passiv und zugleich aktiv im DWH gepflegt werden. Dadurch können aktuelle Informationen wesentlich zur Verbesserung der Entscheidungsgrundlage beitragen. Ebenso ist zu bemängeln, dass immer noch eine manuelle Prüfung (19%) der Datenqualität durchgeführt wird, wodurch u. U. weitere Fehlerquellen entstehen können. Eine Steigerung bzgl. der Verfügbarkeit operativer Daten ist wünschenswert, da operative Daten zu 51% bis 75% verfügbar sind. Je mehr Daten in einer Datenbank gesammelt, desto fundierter sind die Entscheidungen aufgrund einer breiten Datenbasis. Die Finanzmarktkrise zwingt Banken dazu, alle möglichen Daten zu erheben, um jegliches Risiko auszuschließen bzw. zu reduzieren.

Die Technik der Datenintegration basiert größtenteils auf ETL-Tools (42%), EAI-Tools (30%) sowie mit Hilfe manueller Programme (14%). Das in Kapitel 4.5.3.2 propagierte

SOA-Konzept wird nur in 12% der Banken umgesetzt. Genau wie beim Outsourcing bestehen hier ebenfalls Kostensenkungspotenziale, die Banken nutzen könnten. EII (Enterprise Information Integration) wird von keinem der Experten ausgewählt. Der EII-Ansatz ermöglicht Sichten auf diverse Datenbestände und den zeitnahen Zugriff auf diese, ohne die physikalisch-lokale Speicherung dieser Daten. Durch den EII-Ansatz lassen sich weitere Zeitersparnisse generieren. 62% der Befragten halten den Zeitfaktor in der IT-Verarbeitung für wichtig und nur 30% der Befragten stufen den Zeitfaktor als sehr wichtig ein. Hier ist ein Umdenken in den Köpfen der Experten erforderlich, denn je kürzer der Time-to-Market Prozess ist, desto größere Nutzenpotenziale lassen sich in der Anfangsphase realisieren. Die Latenzzeiten sind ein nicht zu unterschätzender Faktor in einem IT-System. Die Technik der Analysefunktionen ist durchwachsen und zeigt, dass die heterogene IT-Banklandschaft mit entsprechend heterogenen Analysefunktionen bestückt ist. Wünschenswert ist eine deutliche Steigerung in der Frühwarnsystem-Technik (8%), die gerade in der Krise eine entscheidende Schlüsselstellung einnimmt, um Risiken frühzeitig zu entdecken.

Durch die gewachsene IT-Infrastruktur in Banken beherrscht lt. Umfrage die Eigenentwicklung in BI und DWH-Plattformen (33%). Den zweiten Platz belegen zusammengestellte Plattformen, BI-Suite und situative Entwicklungen (jeweils 20%). Um Kosten zu senken ist eine deutliche Reduzierung der Eigenentwicklungen unumgänglich, um auch Standardapplikationen zu etablieren. Bemerkenswert ist, dass 90% der Experten die Nutzung eines klassischen DWH propagieren. Hier ist unbedingt ein Handlungsbedarf in der Sensibilisierung für effiziente und effektive DWH-Modelle festzustellen. Ein klassisches DWH unterstützt vor allem strategische Entscheidungsträger. Wie in Kapitel 4.6.3 erläutert, sollten Daten aus der taktischen Ebene ebenso in einem DWH integriert werden. ADWH und RDWH können die operativen Daten und Verarbeitungsrhythmen synthetisch zusammenführen und effektiv zu einer Entscheidungsgrundlage führen. Neuere Entwicklungen wie Web 2.0, Web-Center Applikationen und Virtualisierungstechniken sind größtenteils nicht geplant (39%) oder nur rudimentär vorhanden. Die Bank-IT hat zwar die fünfte Integrationsstufe erreicht, jedoch sind hier noch wesentliche Verbesserungspotenziale aufzudecken.

Die Tabelle 13 im Anhang zeigt noch einmal die persönlichen Probleme der Bankexperten hinsichtlich der Zeit, den Kosten und der fachlichen Organisation.

7 Zusammenfassung und Trends

Die Finanzmarktkrise stellt für den Finanzsektor eine substanzielle Herausforderung dar, da Banken sich im Umfeld von höheren Refinanzierungskosten, anhaltenden Marktverwerfungen und ungünstigem konjunkturellen Umfeld bewegen. Für die Krisenbewältigung sind koordinierte Anstrengungen von Finanzinstituten, Regulierern, Aufsehern und der Politik umso wichtiger.[259] Die Finanzmarktkrise ist vor allem durch das allzu blinde Vertrauen der Banken auf die externen Ratings begünstigt worden, was eine fahrlässige Vernachlässigung der Eigenverantwortung seitens der Banken offenbart. Die Forderung nach mehr Transparenz betrifft sowohl die Ratingagenturen als auch die Banken. Insbesondere außerbilanzielle Engagements in Form von außerbilanziellen Eventualverbindlichkeiten müssen verstärkt durch die Aufsichtsbehörden kontrolliert werden. Die vollkommene Abschaffung von Asset Securitization stellt keine Lösung dar, da diese Produkte zum Instrumentarium der Bankfinanzpolitik gehören.[260] Die immer stärker zunehmenden Regularien durch IFRS, HGB und Basel II zwingen Banken zum Umdenken bzgl. ihrer IT-Investition. Der Trend geht hin zu standardisierten Kernbankensysteme, die ein schnelles, flexibles und marktgerechtes Agieren bei gleichzeitig erheblichen Kosteneinsparungen im Bereich der Wartung und Weiterentwicklung ermöglichen. Jedoch werden weiterhin Eigenentwicklungen und Standardsoftware auf absehbarer Dauer nebeneinander in der IT-Bankenlandschaft existieren.[261] Die neuen regulatorischen Anforderungen müssen zur Folge haben, dass die Datenqualität in den bestehenden IT-Banksysteme erhöht werden muss, zum Teil muss sie sogar neu eruiert werden insbesondere auch im Bereich der operationellen Risiken. Die stetige Überwachung der festgelegten Prinzipien in Basel II durch die Bankenaufsicht ist eine dringende Voraussetzung für die Informationstransparenz und für den Erwerb von Vertrauen.

Der SOA-Ansatz bietet Vorteile durch die Modularität und Wiederverwendbarkeit der aufgebauten Bank-IT in Bezug auf Kosten und Geschwindigkeit bei der Implementierung neuer IT-Lösungen. Das SOA-Prinzip stellt nicht nur die Frage nach der Technologie, sondern sie nimmt konkreten Bezug auf die Geschäftsprozesse. Die Deutsche

---

259 Vgl. *Profumo, Allessandro*, Subprime-Krise, 2008, S.9.
260 Vgl. *Gerdes, Ann-Kristin/ Wolz, Matthias*, Risikotransparenz, 2009, S.272.
261 Vgl. *Göckenjan, Christian/ Mang, Frank*, Erneuerung, 2006, S.32f..

Bank z. B. hat die klassische WSK aufgebrochen und im Zuge der Industrialisierung ihre Dienste teilweise an Zulieferer ausgelagert. Der Optimierungseffekt resultiert aus der Konzentration auf ein Glied der Kette, um dort die Stärken hervorzuheben. SOA hilft bei der Senkung der Entwicklungskosten sowie bei der Verkürzung des Time-to-Market-Prozesses. Dabei wird die IT-Anwendungslandschaft vereinfacht und die Komplexität der IT verringert.[262]

Die Systemlandschaften der Banken werden mit der Umsetzung von Basel II und IFRS-Regularien maßgeblich verändert.[263] Kernbankensysteme sind das Herzstück jeder Banken-IT und diese muss hocheffizient sein sowie ausfallsichere Banktransaktionen gewährleisten, um ein schnelles Wachstum der Bank so kostengünstig wie möglich zu ermöglichen. Neue und geänderte Anforderungen (verschiedene Vertriebskanäle, Basel II) zwingen zur Anpassung der IT an die aktuellen Gegebenheiten. Die im Zeitablauf entstandenen, komplexen IT-Architekturen müssen angepasst werden, um auf Dauer, bezogen auf die Time-to-Market-Prozesse und Kosten, wettbewerbsfähig zu bleiben.[264] Der Zeitfaktor muss bei der IT-Konzipierung stets im Auge behalten werden. Ein optimiertes Datenmanagement neben einer klaren BPM-Strategie in Banken spielt dabei eine wesentliche Rolle und bildet die Grundlage für ein erfolgreiches Geschäftsmodell. Aufgrund gestiegener Datenvolumina müssen alle Daten auf ihre Notwendigkeit hin geprüft werden. Dabei sind die aus den Daten sich ergebenden Anforderungen nach Erhöhung der Informationsqualität und Informationsintegrität relativ schwierig in einer heterogenen IT-Infrastrukturlandschaft zu überwachen. Eine optimale Befriedigung der Anforderungen an die Daten ist nur durch eine sorgfältige Analyse der bestehenden IT-Systeme und der ihr zugrunde liegenden Geschäftsprozesse erzielbar. Vor allem muss auf die Beseitigung möglichst aller Fehlerquellen (z. B. Redundanzen) geachtet werden. Bei der Datenaufbereitung muss berücksichtigt werden, dass die Daten aus den unterschiedlichen IT-Systeme (Handels-, Abwicklungs- und Buchhaltungssysteme) über einen zentralen Rechenkern (z. B. FDWH) an den Mitarbeiter bzw. Entscheider herangetragen werden. Dabei muss der Informationsgrad der taktischen, operativen und strategischen Ebene über eine einheitliche Datenbasis sichergestellt werden. Wichtig hierfür

---

262 Vgl. *Lamberti, Hermann-Josef*, Deutsche Bank, 2008, S.22ff..
263 Vgl. *Färber, Günther/ Kirchner, Julia,* Analyzer, 2004, S. 142f..
264 Vgl. *Göckenjan, Christian/ Mang, Frank*, Erneuerung, 2006, S.32.

sind BI Analyse-Tools, welche die Daten analysieren, selektieren und entsprechend aggregiert sowie sortiert an den Endanwender übergeben.

Grundvoraussetzung ist, dass Banken eine klare BPM-Strategie verfolgen, die die bestehenden Geschäftsprozesse analysieren und in Einzelprozessen zerlegen, um im Anschluss einen optimierten Geschäftsprozess aus den Einzelprozessen zu generieren. Dabei müssen die Geschäftsprozesse strengstens von den IT-Prozessen getrennt werden, damit keine Schnittmengen und somit Redundanzen entstehen können. Die strikte Trennung gilt auch für die sog. Business Rules, die einen maßgeblichen, positiven Einfluss auf die Komplexität eines Prozesses haben, wenn ein separates, zentralisiertes Rules Repository geführt wird. Die zukünftige Entwicklung bei Finanzdienstleister liegt in der Neuordnung der WSK entlang eines optimierten Geschäftsprozesses. Die Banken müssen sich auf spezifische Teile der WSK konzentrieren. Durch die Dekonstruktion der WSK ergeben sich vielfältige Geschäftsmodelle, die einen Mehrwert für eine Bank darstellen. Kostensenkungen sind vor allem durch das Out- und Insourcing zu erreichen. Die Sourcing-Treiber erlauben den Banken die Konzentration auf ihre spezifische Kernkompetenz. Der Umbau der WSK wird aktuell durch die Bankenfusionen weiterhin gefördert und hat enorme Auswirkungen auf die IT aufgrund der notwendigen Systemintegrationen. Ein weiterer Trend im Bankensektor ist die Aufspaltung der klassischen WSK in die Hauptsegmente Distribution, Abwicklung und Produktentwicklung. Hierdurch kann es zu einer Neukomposition der IT innerhalb der Bankengruppen kommen, aber auch fachübergreifend. Die spezialisierten Institute werden tendenziell konsolidiert und infolge dessen werden immer weniger Systeme benötigt. Die Industrialisierung bzw. Standardisierung (ehemals nur in Produktionsbetrieben vorzufinden) von Applikationen spielen eine neue, herausragende Rolle bei Banken. Finanzdienstleister arbeiten mit weitgehend identischen Produkten am Markt und daher sind länger anhaltende Differenzierungen im Wettbewerb nur über Verfahrensinnovationen (Process Engineering) möglich. Dabei werden die bestehenden, zum Teil sehr komplexen Prozesse in Banken vereinfacht, standardisiert und automatisiert. Die Messung von Prozessschritten und darauf aufbauend die aktive Steuerung von Prozessen (BPM) sind unabdingbar. Banken müssen sich stärker mit dem Aufbau von Systemen zur IT-gestützten Prozesssimulation und –optimierung sowie mit IT-gestützten Prozessmanagement befassen. Die gestiegenen Kundenansprüche erfordern zusätzlich individualisierte Konzepte der Kundenbetreuung seitens der Banken und damit die stärkere Fokussierung auf ein eventgesteuertes CRM. Aus diesem Grund müssen Banken von der historisch gewachsenen Produktorientierung weg und sich hin zu kundenzentrierten Unternehmen wandeln. Wie in Kapitel 3 gezeigt, wird der Bankensektor durch die Entwicklung hin zu einem einheitlichen EU-Finanzmarkt stark geprägt. Dabei werden zukünftige aufsichtsrechtliche Regularien eine immer größere Rolle in der Bank-IT spielen. Auch IT-Strukturen werden stetig angepasst, um Synergieeffekte zu erzielen. Fusionen sowie die Vereinheitlichung des Zahlungsverkehrs (SEPA) fördern das Umdenken in der Bank-IT aufgrund der Integration des Finanzmarktes.[265]

Das klassische BI (in der Praxis am häufigsten eingesetzt) unterliegt mittlerweile einer grundlegenden Reformierung. Der „Aktivitäten-Trend" setzt sich zunehmend auch in der Technik fort, wo mittlerweile ADWH und Realtime-DWH in Unternehmen eingesetzt werden müssen. Die aktivitätengesteuerten (eventgetriebene) Prozesse wirken positiv auf die Geschäftsergebnisse aus, da sie die Kundenindividualität und Informationsdichte optimal berücksichtigen. Durch die Einbeziehung der taktischen, operativen und strategischen Ebene im Sinne eines AEI+-Ansatzes kann die IT als Frühwarnsystem agieren und auf einer breiten Datenbasis fundierte Entscheidungen fördern.

Die dt. Banken gehören zu den größten Entwicklern von GBS-Software (insbesondere die öffentlichen Banken), da sie bedingt durch das Bankgeschäft frühzeitig einen hohen Einsatz von IT als Basis nutzen müssen. Oftmals sind die in Banken eingesetzten Lösungen Individualanfertigungen, die für bestimmte Projekte entwickelt wurden. In Zukunft werden Banken durch zunehmenden Kostendruck seitens der Märkte und Globalisierung die Softwareentwicklungen industrialisieren.[266] Die Gegenüberstellung von SSW und ISW hat ergeben, dass die klassische SSW für eine Bank ungeeignet ist, da sie nicht vollständig alle Bank-Geschäftsprozesse abbilden kann und entsprechend kostenintensiv angepasst werden muss (was nur bis zu einem gewissen Grad möglich ist). Die ISW dagegen ist zwar gut, jedoch auch sehr kosten- und ressourcenlastig und kann nur durch IT-Spezialisten angepasst werden. Aufgrund der weiterhin zukünftigen Veränderungen der Regularien muss die Bank einen Mittelweg finden, der die Vorteile beider Softwarearten mit einigen wenigen Kompromissen verbindet. Hier ist der Einsatz von

---

265 Vgl. *Moormann, Jürgen/ Schmidt, Günter*, Finanzbranche, 2007, S.5ff..
266 Vgl. *Mang, Frank*, Softwareentwicklung, 2007, S.55f..

verteilter und flexibler SSW die optimale Lösung. Der Aufwand muss gut überlegt sein im Zeitalter hohen Wettbewerbs in der Bankenbranche mit ihren homogenen Finanzprodukten. Grds. sind die IFRS/Basel II-Module sehr leistungsfähig und können neue Anforderungen problemlos umsetzen. Die Schnittsellenproblematik in der bestehenden IT-Architektur erschweren jedoch reibungslose Anpassungen. Der Einsatz von Finanz-Business Rules (Regel-Repository), ein intelligentes Datenmanagement (Business Intelligence) sowie ein einheitlich strukturiertes IT-Banksystem mit SOA-Anbindung führen zu einer leistungsfähigen Gesamtbanksteuerung.

Aus strategischer Sicht bieten aktuelle und zukünftige IT-Innovationen (wie z. B. Cloud Computing) den Banken Differenzierung sowie Wettbewerbsvorteile. Banken müssen diese aktiv fördern, da IT-Banksysteme relativ gering standardisiert sind. In der Vergangenheit wurde die IT in Banken zu stark an Plattformen ausgerichtet statt sich auf Service und Prozesse ihrer Kunden (Fachbereiche) zu konzentrieren. Ein wichtiger Meilenstein ist die Transformation zu einer service- und prozessorientierten IT-Organisation, die plattformübergreifend agiert.[267] Im Rahmen der *Ibi-Research Studie* (2008) wurde festgestellt, dass nur wenige Banken Web-2.0-Dienste einsetzen und wenn, dann nur als Informationsmittel statt Interaktion.[268] Banken, die den Web 2.0-Trend folgen, können auch jüngere Kunden gewinnen, die hauptsächlich aus Kostengründen ihre Bankgeschäfte online abwickeln.

---

267 Vgl. *Moormann, Jürgen/ Schmidt, Günter*, Finanzbranche, 2007, S.319f..
268 Vgl. *Wittmann, Georg*, Web 2.0, 2009, S. 28ff..

Anhang

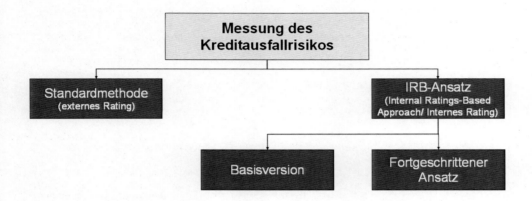

Abbildung 25: Messverfahren für das Kreditausfallrisiko[269]

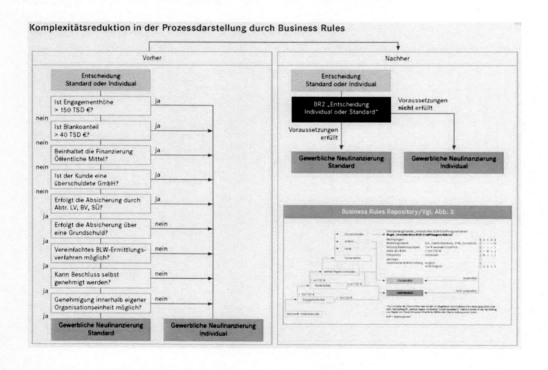

Abbildung 26: Komplexitätsreduktion durch Business Rules - Vorher/Nachher[270]

---

269 Quelle: *Übelhör, Matthias/ Warns, Christian*, Grundlagen, 2004, S.23.

270 Quelle: *Vetter, Daniela/ Hilgert, Matthias/ Moormann, Jürgen*, Komplexität, 2008, S.36.

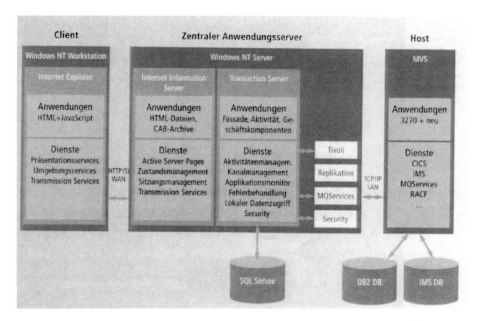

Abbildung 27: IT-Anwendungsarchitektur der Commerzbank AG[271]

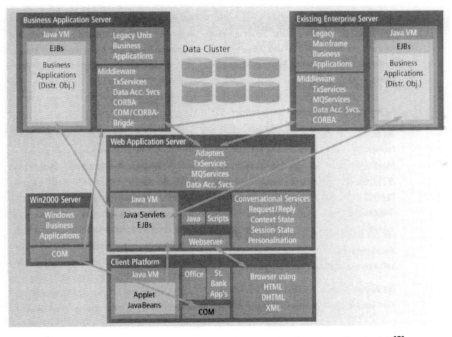

Abbildung 28: IT-Anwendungsarchitektur der Dresdner Bank AG[272]

---

271 Quelle: *Mehlau, Jens Ingo*, IT-Architekturen, 2003, S.206.

272 Quelle: *Mehlau, Jens Ingo*, IT-Architekturen, 2003, S.207.

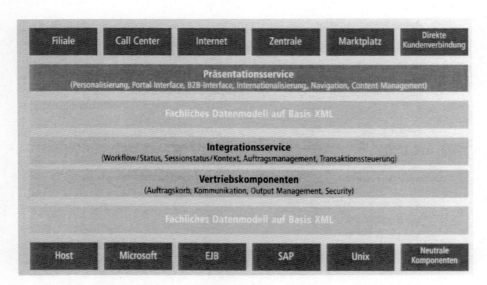

Abbildung 29: IT-Anwendungarchitektur der Hypovereinsbank AG[273]

Module						
Unternehmen	IFRS	Risikosteuerung	GBS	Meldewesen/Basel II	DB	Front-End
msg Gillardon	IFRS-Solution	sDIS+	THINC	BaseII-Solution	FDWH	Reporting-Module
Cellent finance solutions AG	IFRS-Mart	Kreditrisikosteuerungs-Mart	FDW - Konzernplattform	Meldewesen/Basel II-Mart	FDWH	Reporting-Module
Finnova	IFRS-Solution	Basel II-Solution	THINC/Finnova Komplettsystem	Legal/Regulatorien	ZDWH	Acces-Layer/MIS
ifb	ifb-OKULAR IFRS	ifb-OKULAR SOLVARIS	ifb OKULAR	Risiko-Rechenkerne	DB	OKULAR GUI
G&H Bankensoftware AG - BANCOS	BANCOS General Ledger	BANCOS Reporting/Meldewesen	BANCOS Kernbanksystem	BANCOS Reporting/Meldewesen	DB	BANCOS GUI

Tabelle 12: Ausgewählte GBS-Anbieter und Vergleich ihrer Module[274]

---

273 Quelle: *Mehlau, Jens Ingo*, IT-Architekturen, 2003, S.210.
274 Quelle: eigene Darstellung

Was stört aktuell in der IT?	
1	Fehlendes Metadatenmanagement
2	Keine DQ-Approach
3	hohe Fehleranfälligkeit
4	Softwarequalität der SAP SPs
5	hohe Betriebskosten
6	Aufwändige Regressionstests beim Change Management
7	Umsetzungsdauer der fachlichen Änderungswünsche sind viel zu lang
8	relativ gesehen zu hohe Fixkosten
9	zu lange Time-to-market bei Änderungen
10	zu wenig Business Verständnis
11	kein proaktives Mitdenken
12	zuviel Formalismus
13	zu wenig Agilität

Tabelle 13: Akuelle IT-Störfaktoren aus der Delphi-Studie[275]

---

275 Quelle: eigene Darstellung aus der Delphi-Studie 2009 „Gesamtbanksteuerung".

Abbildung 30: Ergebnisse der Delphi-Studie 2009 zum Thema "IT-Gesamtbanksteuerung":[276]

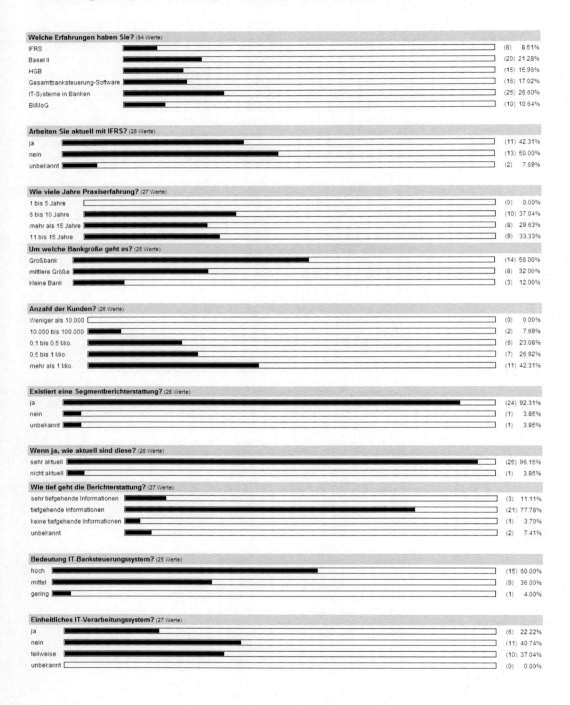

---

276 Quelle: Ergebnisse aus der Delphi-Studie 2009 zum Thema „IT-Gesamtbanksteuerung". Die Studie (Dauer: 09.07.2009 bis zum 22.07.2009) wurde vom Verfasser online anhand von 57 gestellten Fragen durchgeführt. 27 Personen aus dem Banken- und IT-Bereich haben an der Studie teilgenommen.

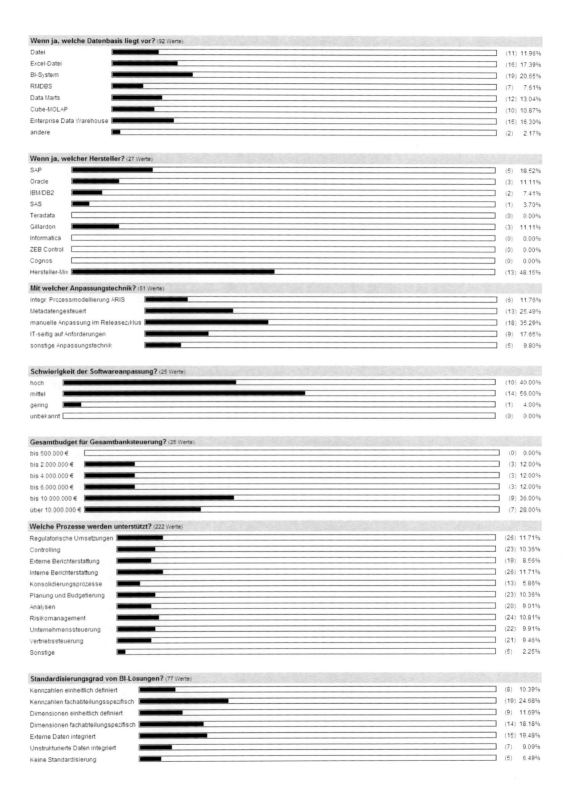

Wenn ja, welche Datenbasis liegt vor? (92 Werte)

Datei	(11)	11.96%
Excel-Datei	(16)	17.39%
BI-System	(19)	20.65%
RMDBS	(7)	7.61%
Data Marts	(12)	13.04%
Cube-MOLAP	(10)	10.87%
Enterprise Data Warehouse	(15)	16.30%
andere	(2)	2.17%

Wenn ja, welcher Hersteller? (27 Werte)

SAP	(5)	18.52%
Oracle	(3)	11.11%
IBM/DB2	(2)	7.41%
SAS	(1)	3.70%
Teradata	(0)	0.00%
Gillardon	(3)	11.11%
Informatica	(0)	0.00%
ZEB Control	(0)	0.00%
Cognos	(0)	0.00%
Hersteller-Mix	(13)	48.15%

Mit welcher Anpassungstechnik? (51 Werte)

integr. Prozessmodellierung ARIS	(6)	11.76%
Metadatengesteuert	(13)	25.49%
manuelle Anpassung im Releasezyklus	(18)	35.29%
IT-seitig auf Anforderungen	(9)	17.65%
sonstige Anpassungstechnik	(5)	9.80%

Schwierigkeit der Softwareanpassung? (25 Werte)

hoch	(10)	40.00%
mittel	(14)	56.00%
gering	(1)	4.00%
unbekannt	(0)	0.00%

Gesamtbudget für Gesamtbanksteuerung? (25 Werte)

bis 500.000 €	(0)	0.00%
bis 2.000.000 €	(3)	12.00%
bis 4.000.000 €	(3)	12.00%
bis 6.000.000 €	(3)	12.00%
bis 10.000.000 €	(9)	36.00%
über 10.000.000 €	(7)	28.00%

Welche Prozesse werden unterstützt? (222 Werte)

Regulatorische Umsetzungen	(26)	11.71%
Controlling	(23)	10.36%
Externe Berichterstattung	(19)	8.56%
Interne Berichterstattung	(26)	11.71%
Konsolidierungsprozesse	(13)	5.86%
Planung und Budgetierung	(23)	10.36%
Analysen	(20)	9.01%
Risikomanagement	(24)	10.81%
Unternehmenssteuerung	(22)	9.91%
Vertriebssteuerung	(21)	9.46%
Sonstige	(5)	2.25%

Standardisierungsgrad von BI-Lösungen? (77 Werte)

Kennzahlen einheitlich definiert	(8)	10.39%
Kennzahlen fachabteilungsspezifisch	(19)	24.68%
Dimensionen einheitlich definiert	(9)	11.69%
Dimensionen fachabteilungsspezifisch	(14)	18.18%
Externe Daten integriert	(15)	19.48%
Unstrukturierte Daten integriert	(7)	9.09%
Keine Standardisierung	(5)	6.49%

Stellenwert analytischer Anwendungen? (26 Werte)

hohe Bedeutung	(9)	34.62%
mittelmässige Bedeutung	(14)	53.85%
geringe Bedeutung	(3)	11.54%

Outsourcing von analyt. Applikationen? (27 Werte)

Nein	(17)	62.96%
Nearshore	(8)	29.63%
Offshore	(2)	7.41%

Welche technische BI-Architektur? (51 Werte)

Unabhängige Data Marts	(3)	5.88%
Data Marts mit zentralem DWH	(11)	21.57%
DWH ohne Data Marts	(5)	9.80%
Enterprise DWH	(8)	15.69%
mehrere DWH und Data Marts	(7)	13.73%
Virtuelle Architektur	(1)	1.96%
Gemischte Architektur	(11)	21.57%
Operational Data Store	(3)	5.88%
Sonstige	(2)	3.92%

Einschätzung Risikoentwicklung? (27 Werte)

hohe Bedeutung	(25)	92.59%
untergeordnete Bedeutung	(2)	7.41%
kaum eine Bedeutung	(0)	0.00%

Beschreibung fachlicher Metadaten? (45 Werte)

über ETL-Prozess	(18)	40.00%
über Inhalte DWH	(11)	24.44%
über multidimensionale Strukturen	(8)	17.78%
über Berichtsstrukturen	(5)	11.11%
über analytische Applikationen	(3)	6.67%

Architektur Metadatenmanagements? (47 Werte)

Papierbasierte Dokumentation	(4)	8.51%
Verteilt auf mehrere Repositorys	(17)	36.17%
Zentralisierte Metadatendoku.	(11)	23.40%
Metadaten in BI-Applikakationen	(6)	12.77%
fachliche und technische Doku.	(9)	19.15%

Zufriedenheit Datenqualität? (141 Werte)

Aktualität	(17)	12.06%
Vollständigkeit	(19)	13.48%
Verständlichkeit	(12)	8.51%
Fehlerfreiheit	(12)	8.51%
Einheitlichkeit	(13)	9.22%
Glaubwürdigkeit	(14)	9.93%
Wertschöpfung	(14)	9.93%
Übersichtlichkeit	(13)	9.22%
Zugänglichkeit	(15)	10.64%
Bearbeitbarkeit	(12)	8.51%

Datenqualität als Closed-Loop Prozess? (26 Werte)

Ja, eine aktive&passive Datenpflege	(8)	30.77%
Nein, nur passive Datenpflege	(17)	65.38%
Nein, nur aktive Datenpflege	(1)	3.85%

Zufriedenheit mit den Daten insgesamt? (26 Werte)

sehr zufrieden	(0)	0.00%
zufrieden	(13)	50.00%
ausreichend	(10)	38.46%
mangelhaft	(3)	11.54%

Datenqualitätsfunktionen im Einsatz? (91 Werte)

Manuelle Prüfung	(18)	19.78%
Data Cleaning	(10)	10.99%
Redo-Mechanismen	(0)	0.00%
Prüfung techn. Qualitätskriterien	(9)	9.89%
Automatisierte Prüfung	(12)	13.19%
Historisierung/Statistiken	(15)	16.48%
Ergebnisreporting	(15)	16.48%
Meldung Probleme an Quellsystem	(4)	4.40%
Analyse der Quelldaten (Profiling)	(7)	7.69%
Keine Prüfung	(1)	1.10%

Verfügbarkeit operativer Daten? (27 Werte)

weniger als 25 %	(0)	0.00%
25% bis 50%	(1)	3.70%
51% bis 75%	(10)	37.04%
76% bis 100%	(16)	59.26%

Verantwortlichkeit für Datenobjekte? (27 Werte)

Existenz Data-Ownership-Konzept	(2)	7.41%
fachliches & technisches DOK	(15)	55.56%
anderes Konzept	(6)	22.22%
kein Konzept vorhanden	(4)	14.81%

Technik der Datenintegration? (49 Werte)

ETL-Tools	(21)	42.86%
EAI	(15)	30.61%
EII	(0)	0.00%
SOA	(6)	12.24%
manuelle Programme	(7)	14.29%

Adressaten der Informationen? (73 Werte)

Fachspezialisten	(24)	32.88%
Externe Berichtempfänger	(22)	30.14%
Internes Management	(27)	36.99%

Zufriedenheit über Informationsmenge? (27 Werte)

ausreichende Informationen	(21)	77.78%
zu wenig Informationen	(3)	11.11%
Information-Overload	(3)	11.11%

Bedeutung der Informationsintegrität? (27 Werte)

hohe Bedeutung	(9)	33.33%
gestiegene Bedeutung	(15)	55.56%
geringe Bedeutung	(2)	7.41%
keine Bedeutung	(1)	3.70%

Einfluss Finanzmarktkrise auf Prozess? (27 Werte)

großer Einfluss auf IT	(19)	70.37%
keinen Einfluss auf IT	(3)	11.11%
geringen Einfluss auf IT	(5)	18.52%

Software-Standardisierung wichtig? (26 Werte)

Ja	(21)	80.77%
Nein	(4)	15.38%
Keine Ahnung	(1)	3.85%

Finanzmarktkrise und IT-Wirkung? (26 Werte)

hohe Auswirkung	(20)	76.92%
geringe Auswirkung	(5)	19.23%
keine Auswirkung	(1)	3.85%

Zufriedenheit bzgl. des IT-Systems? (27 Werte)

sehr zufrieden	(4)	14.81%
zufrieden	(14)	51.85%
verbesserungswürdig	(8)	29.63%
mangelhaft	(1)	3.70%

Zeitfaktor der IT-Verarbeitung wichtig? (27 Werte)

sehr wichtig	(9)	33.33%
wichtig	(17)	62.96%
unwichtig	(0)	0.00%
spielt keine Rolle	(1)	3.70%

Dauer in IT-Umsetzung neuer Regularien (27 Werte)

1 bis 2 Monate	(4)	14.81%
3 bis 4 Monate	(14)	51.85%
über 5 Monate	(9)	33.33%

Technik der Analysefunktionen? (138 Werte)

Datenbank-Frontend (SQL)	(9)	6.52%
Ad-hoc-Analyse	(23)	16.67%
Reporting	(23)	16.67%
OLAP	(17)	12.32%
Planung	(8)	5.80%
Integration mit MS Office	(11)	7.97%
Scorecard/Dashboard	(3)	2.17%
Prognose/Hochrechnung	(13)	9.42%
Frühwarnsysteme	(12)	8.70%
Data Mining	(10)	7.25%
Rules Engine	(6)	4.35%
Andere Visualisierungstechniken	(3)	2.17%

Strat. Einsatz BI und DWH-Plattformen (24 Werte)

Eigenentwicklung	(8)	33.33%
Best of Breed	(5)	20.83%
BI-Suite	(5)	20.83%
Open-Source-Produkte	(0)	0.00%
BI-Software as a Services (SaaS)	(1)	4.17%
situative Entwicklung	(5)	20.83%

Welche Zielerreichung wird bezweckt? (144 Werte)

Bessere Informationsversorgung	(22)	15.28%
Bessere Unternehmenssteuerung	(20)	13.89%
Entscheidungsunterstützung	(21)	14.58%
Zeitersparnis	(16)	11.11%
Schaffung von Transparenz	(17)	11.81%
Flexibilitätssteigerung	(16)	11.11%
Kostenersparnis	(17)	11.81%
Personaleinsparung	(9)	6.25%
Sonstige	(6)	4.17%

Nutzen Sie............. (22 Werte)

ein klassisches Data Warehouse?	(20)	90.91%
ein Active Data Warehouse (ADWH)?	(1)	4.55%
Real-Time Data Warehousing?	(1)	4.55%

Welche DWH-Architektur nutzen Sie? (24 Werte)

Zentral konsolidierte DB(Hub&Spoke)	(12)	50.00%
Data Marts ohne zentr. Datenschicht	(6)	25.00%
Unabhängige Data Marts	(6)	25.00%

Wie ist der Aufbau der BI-Architektur? (25 Werte)

standardisierte Architektur	(7)	28.00%
technisch konsolidiert	(11)	44.00%
stetige Anpassung erforderlich	(7)	28.00%

Anzahl angebundener Quellsysteme? (26 Werte)

1 bis 10	(2)	7.69%
11 bis 20	(4)	15.38%
mehr als 20	(19)	73.08%
keine Angabe	(1)	3.85%

Einsatz Web 2.0 in der Bank? (38 Werte)

RSS-Feeds	(7)	18.42%
Mashups	(0)	0.00%
Communities	(4)	10.53%
Weblog	(4)	10.53%
Live-Chat	(5)	13.16%
mittelfristig geplant	(3)	7.89%
nicht geplant	(15)	39.47%

Einsatz von Web-Center Applikationen? (21 Werte)

Ja, ist im Einsatz	(6)	28.57%
mittelfristig in Planung	(2)	9.52%
Nein, Internetplattformen unsicher	(13)	61.90%

Virtualisierungs-Trends vorhanden? (7 Werte)

Cloud Computing	(3)	42.86%
SaaS	(0)	0.00%
Sonstige	(4)	57.14%

Corporate Performance Management (CPM)? (23 Werte)

Ja, zur proaktiven Steuerung	(8)	34.78%
Nein, vergangenheitsorient. Konzept	(8)	34.78%
ist in Planung	(7)	30.43%

CPM-Einsatz, dann ist der Reifegrad.. (23 Werte)

Konzept ist ausgereift & optimal	(3)	13.04%
verbesserungswürdig	(8)	34.78%
rudimentär vorhanden	(12)	52.17%

Schlüsselindikatoren (KPIs) sind... (25 Werte)

Eindeutig definiert & transparent	(7)	28.00%
Planung erfolgt mittels Zielvorgabe	(12)	48.00%
quantitativer & qualitativer Art	(0)	0.00%
finanzieller&nicht finanzieller Art	(2)	8.00%
keine Angabe	(4)	16.00%

Literaturverzeichnis

App, Jürgen G. [Risikoberichterstattung, 2009]: Risikoberichterstattung nach IFRS 7 – Umsetzung der Kreditrisikoangaben durch deutsche Großbanken, in: *Zeitschrift für das gesamte Kreditwesen*, 2009, 62. Jg., Heft 2, S.85-88.

BANCOS [Hauptbroschüre, 2009]: Produktinformationen, 2009.

Bange, Carsten [Informationssysteme, 2006]: Werkzeuge für analytische Informationssysteme, in: Chamoni, P.; Gluchowski, P. (Hrsg.): Analytische Informationssysteme – Business Intelligence-Technologien und -Anwendungen, 3., vollst. überarb. Aufl., Berlin: Springer, 2006, S.89-110.

Bartmann, Dieter (Hrsg.) [Bankinformatik, 2003]: Bankinformatik 2004 – Strategien, Konzepte und Technologien für das Retail-Banking, 5.Aufl., Wiesbaden: Gabler, 2003.

Beck, Hanno; Wienert, Helmut [Bankbilanz, 2009]: Die Finanzmarktkrise im Spiegel der Bankbilanz, in: *WiSt – Zeitschrift für Ausbildung und Hochschulkontakt*, 2009, 38. Jg., Heft 5, S.251-258.

Bieg, Hartmut; Kussmaul, Heinz [Externes, 2009]: Externes Rechnungslegung, München: Oldenburg, 2009.

Bodendorf, Freimut [Daten, 2006]: Daten und Wissensmanagement, 2., aktual. und erw. Aufl., Berlin et. al.: Springer, 2006.

Brabänder, Bernd [Rolle, 2008]: Subprime-Krise – Die Rolle der Rating-Agenturen, in: *die bank – Zeitschrift für Bankpolitik und Praxis*, 2008, Nr. 8, S.9-15.

Büschelberger, Jürgen; Simler, Wolfgang und Utz, Erich [Bedeutung von Basel II, 2009]: Bedeutung von Basel II für die Umsetzung in nationales Recht unter Fokussierung des doppelten Proportionalitätsansatzes der Mindestanforderungen an das Risikomanagement (MaRisk), in: Riekeberg, Marcus; Utz, Erich R. (Hrsg.): Strategische Gesamtbanksteuerung, Stuttgart: Deutscher Sparkassen Verlag, 2009, S.458-475.

Bussmann, Johannes; Zahn, Markus [Wunsch, 2008]: Standardsoftware für Banken – Zwischen Wunsch und Wirklichkeit, in: *die bank – Zeitschrift für Bankpolitik und Praxis*, 2008, Nr. 9, S.66-71.

Cellent [Hauptbroschüre, 2009]: Produktinformationen, 2009.

Chamoni, P.; Gluchowski, P. (Hrsg.) [Analytische, 2006]: Analytische Informations-systeme – Business Intelligence-Technologien und - Anwendungen, 3., vollst. über-rarb. Aufl., Berlin: Springer, 2006.

Chamoni, Peter; Gluchowski, Peter und Hahne, Michael [Business, 2005]: Business Information Warehouse – Perspektiven betrieblicher Informationsversorgung und Entscheidungsunterstützung auf der Basis von SAP-Systemen, Berlin et. al.: Sprin-ger, 2005.

Corsten, Hans; Gössinger, Ralf (Hrsg.) [Lexikon, 2008]: Lexikon der Betriebswirt-schaftslehre, 5. vollst. überarb. und wesentl. erw. Aufl., München: Oldenburg, 2008.

Deloitte [praxis-forum, 2009]: Alert!, in: *praxis-forum Alert!*, 2009, Ausgabe vom 08.04.2009.

Dinter, Barabara [Einsatzmöglichkeiten, 2008]: Einsatzmöglichkeiten serviceorien-tierter Architekturen in der Informationslogistik, in: Töpfer, Jochen; Winter, Robert (Hrsg.): Active Enterprise Intelligence: Unternehmensweite Informationslogistik als Basis einer wertorientierten Unternehmenssteuerung, Berlin et. al.: Springer, 2008, S.221-241.

Dinter, Barbara; Winter, Robert (Hrsg.) [Integrierte, 2008]: Integrierte Informations-logistik, Berlin et. al.: Springer, 2008.

Doswald, Hugo [Transparenz, 2008]: Optimale EDV für eine Verbriefung – neue An-forderungen an die Transparenz, in: *Zeitschrift für das gesamte Kreditwesen: Aus-gabe Technik – IT für Finanzdienstleister*, 2008, 5. Jg., Heft 1, S.11-13.

Dreger, Christian [Herbstgrundlinien, 2008]: Realwirtschaftliche Auswirkungen der Finanzkrise beherrschbar, in: *DIW-Deutsches Institut für Wirtschaftsforschung - Wochenbericht*, 2008, 75. Jg., Nr. 41, S.612-627.

Egeling, Thomas [Umgang, 2009]: Planvoller Umgang auch mit unerwarteten Ereig-nissen , in: *Zeitschrift für das gesamte Kreditwesen: Ausgabe Technik – IT für Fi-nanzdienstleister*, 2009, 6. Jg., Heft 1, S.13-16.

Erben, Roland F. (Hrsg.) [Behandlung, 2008]: Risiko Manager – Jahrbuch, Köln: Bank-Verlag Medien, 2008.

Erber, Georg [Verbriefungen, 2008]: Verbriefungen - Eine Finanzinnovation und ihre fatalen Folgen, in: *DIW-Deutsches Institut für Wirtschaftsforschung - Wochenbericht*, 2008, 75. Jg., Nr. 43, S.668-677..

Färber, Günther; Kirchner, Julia [Analyzer, 2004]: SAP Bank Analyzer 3.0, Bonn: SAP PRESS, 2004.

Fendel, Ralf; Frenkel, Michael [Subprime-Krise, 2009]: Die Subprime-Krise 2007/2008: Ursachen, Auswirkungen und Lehren, in: *WiSt – Zeitschrift für Ausbildung und Hochschulkontakt*, 2009, 38. Jg., Heft 2, S.78-85.

Ferstl, Otto K. [Logistik, 2008]: Informationssysteme in der Logistik, in: Arnold, Dieter; Isermann, Heinz; Kuhn, Axel et al. (Hrsg.): Handbuch der Logistik, 3., neu bearb. Aufl., Berlin et. al.: Springer, 2008, S.181-193.

Ferstl, Otto K.; Sinz, Elmar J. [Grundlagen, 2008]: Grundlagen der Wirtschaftsinformatik, 6. Aufl., München: Oldenburg, 2008.

Fink, Andreas; Schneidereit, Gabriele und Voß, Stefan [Grundlagen, 2005]: Grundlagen der Wirtschaftsinformatik, 2. überarb. Aufl., Heidelberg: Physica, 2005.

Finnova [Hauptbroschüre, 2009]: Produktinformationen, 2009.

Foldenauer, Michael; Weise, Stephanie [Outsourcing, 2009]: Rahmenbedingungen, Vorgehen und Steuerungsinstrumente beim Outsourcing von Bankprozessen, in: Riekeberg, Marcus; Utz, Erich R. (Hrsg.): Strategische Gesamtbanksteuerung, Stuttgart: Deutscher Sparkassen Verlag, 2009, S.144-167.

Gadatsch, Andreas [Management, 2002]: Management von Geschäftsprozessen – Methoden und Werkzeuge für die IT-Praxis: Eine Einführung für Studenten und Praktiker, 2. Aufl., Braunschweig: Vieweg, 2002.

Gerdes, Ann-Kristin; Wolz, Matthias [Risikotransparenz, 2009]: Mangelnde Risikotransparenz als Ursache vor der Finanzmarktkrise – Hat das externe Rechnungswesen versagt?, in: *Der Finanzbetrieb – Zeitschrift für Unternehmensfinanzierung und Finanzmanagement*, 2009, 11. Jg., Heft 5, S.264-272.

Geuss, Ulrich; Gudjons, Thorsten; Schmitz, Frank et. al. [IT-Architekturen, 2004]: IT-Architekturen für IFRS-Anforderungen in Banken, in: *Zeitschrift für Kreditwesen*, 2004, 57. Jg., Heft 1, S.27-30.

Gillardon [Produktbroschüre sDIS+, 2009]: sDIS+, 2009.

Gluchowski, Peter; Gabriel, Roland und Dittmar, Carsten [Management, 2008]: Management Support Systeme und Business Intelligence, 2., vollst. überarb. Aufl., Berlin et. al.: Springer, 2008.

Göckenjan, Christian; Mang, Frank [Erneuerung, 2006]: Banken-IT: Erneuerung durch standardisierte Kernbankensysteme und serviceorientierte Architekturen, in: *Zeitschrift für das gesamte Kreditwesen: Ausgabe Technik – IT für Finanzdienstleister*, 2006, 3. Jg., Heft 2, S.32-33.

Göllert, Kurt [Bilanzrechtsreform, 2008]: Bilanzrechtsreform: Unternehmensbonität unter der Lupe, in: *die bank – Zeitschrift für Bankpolitik und Praxis*, 2008, Nr. 3, S.46-50.

Gómez, Marx; Junker, Horst und Odebrecht, Stefan [IT-Controlling, 2009]: IT-Controlling – Strategien, Werkzeuge, Praxis, Berlin: Erich Schmidt, 2009.

Groß, Thomas; Lohfing, Anja [Kreditinstitute, 2004]: Kreditinstitute im Strukturwandel, in: Übelhör, Matthias; Warns, Christian (Hrsg.) [Basel II, 2008]: Auswirkungen auf die Finanzierung – Unternehmen und Banken im Strukturwandel, Heidenau: PD-Verlag, 2004, S.149-183.

Grudzien, Waldemar; Varahram, Arastoo [Data, 2007]: Corporate Data Quality – Wie aus Daten Informationen werden, in: *die bank – Zeitschrift für Bankpolitik und Praxis*, 2007, Nr. 7, S.70-72.

Gschrey, Erhard [Bilanzierungsvorschriften, 2008]: Finanzmarktkrise: kein Schnellschuss bei der Änderung von Bilanzierungsvorschriften, in: *Zeitschrift für das gesamte Kreditwesen*, 2008, Heft 9, S.12-13.

Hank, Wolfgang; Keller, Günther und Lindemann, Wolfgang [Reporting, 2009]: Integriertes betriebswirtschaftliches und aufsichtsrechtliches Reporting auf der Gesamtbankebene, in: Riekeberg, Marcus; Utz, Erich R. (Hrsg.): Strategische Gesamtbanksteuerung, Stuttgart: Deutscher Sparkassen Verlag, 2009, S.603-632.

Hanker, Peter [Angst, 2003]: Keine Angst vor Basel II, Wiesbaden: DG Verlag, 2003.

Hausner, Karl Heinz [Abkühlung, 2009]: Die Abkühlung der Weltwirtschaft durch die Finanzkrise, in: WiSt – *Zeitschrift für Ausbildung und Hochschulkontakt*, 2009, 38. Jg., Heft 1, S.40-44.

Heinrich, L.J., Lehner, F. [Informationsmanagement, 2005]: Informationsmanagement, 8. Aufl., Wien: Oldenburg, 2005.

Henking, Andreas; Bluhm, Christian und Fahrmeir, Ludwig [Kreditrisikomessung, 2006]: Kreditrisikomessung – Statistische Grundlagen, Methoden und Modellierung, Berlin et. al.: Springer, 2006.

Herrmann, Michael; Gabriel, Jens [Harmonisierung, 2006]: Harmonisierung des Reportings – Durchblick dank Integration, in: *die bank – Zeitschrift für Bankpolitik und Praxis*, 2006, Nr. 9, S.50-54.

Hirnle, Christoph [IT-Investitionen, 2006]: Bewertung unternehmensübergreifender IT-Investitionen - Ein organisationsökonomischer Zugang, Wiesbaden: Deutsche Universitäts-Verlag, 2006.

Hüther, Michael; Jäger, Manfred [Verantwortung, 2009]: Staatliche Verantwortung im Bankensystem, in: *Zeitschrift für das gesamte Kreditwesen*, 2009, 62. Jg., Heft 1, S.19-22.

IDC [Rolle IT, 2008]: Die Rolle der IT bei Banken, in: *Zeitschrift für das gesamte Kreditwesen: Ausgabe Technik – IT für Finanzdienstleister*, 2008, 5. Jg., Heft 4, S.5.

ifb [Controlling und Reporting, 2009]: Controlling und Reporting auf der Basis konsistenter Daten, 2009, http://www.ifb-group.com/html/download/eigenpublikationen/brochures/ifb-SAP_IFMA-D.pdf (2009-07-29, 12:57 MEZ).

ifb [Hauptbroschüre, 2009]: Produktinformationen, 2009.

Jung, Reinhard [Architekturen, 2006]: Architekturen zur Datenintegration – Gestaltungsempfehlungen auf Basis fachkonzeptioneller Anforderungen, Wiesbaden: DUV, 2006.

Karagiannis, Dimitris; Rieger, Bodo (Hrsg.) [Herausforderung, 2006]: Herausforderung in der Wirtschaftinformatik – Festschrift für Hermann Krallmann, Berlin et. al.: Springer, 2006.

Kempf, Peter [Einführungsstrategien, 2008]: Einführungsstrategien für SOA in Banken, in: *Zeitschrift für das gesamte Kreditwesen: Ausgabe Technik – IT für Finanzdienstleister*, 2008, 5. Jg., Heft 1, S.27-31.

Kesselmeyer, Bodo; Frank, Ralf [XBRL, 2009]: Kapitalmarktkommunikation – Schlüsseltechnologie XBRL, in: *die bank – Zeitschrift für Bankpolitik und Praxis, 2009*, Nr. 2, S.72-74.

Kieser, Alfred; Walgenbach, Peter [Organisation, 2007]: Organisation, 5. überarb. Aufl., Stuttgart: Schäffer-Poeschel, 2007.

Klingelhöfer, Eckart; Albrecht, Wolfgang [Adressrisiken, 2009]: Basel II - Adressrisiken der Banken, in: *WISU - Das Wirtschaftsstudium*, 2009, Nr. 3, S.353-358.

Kluck, Dieter [Materialwirtschaft, 2008]: Materialwirtschaft und Logistik, 3. Aufl., Stuttgart: Schäffer-Poeschel, 2008.

KPMG (Hrsg.) [IFRS, 2008]: IFRS aktuell – Neuerungen bis 2008: IFRS 8, Änderungen in IFRS 1, 2 und 3 sowie IAS 1, 23, 27 und 32, Annual Improvements, IFRIC 10 bis 14, 3. aktual. Aufl., Stuttgart: Schäffer-Poeschel, 2008.

Krcmar, Helmut [Informationsmanagement, 2005]: Informationsmanagement, 4. überarb. und erw. Aufl., Berlin et. al.: Springer, 2005.

Krotsch, Steffen; Riese, Cornelius und Thießen, Friedrich [Systeme, 2007]: Die technischen Systeme der Banken im Lichte der Marktkrise vom Sommer 2007, in: *Zeitschrift für das gesamte Kreditwesen*, 2007, 60. Jg., Heft 21, S.1150-1154.

Lahrmann, Gerrit; Stroh, Florian [Systemarchitekturen, 2008]: Informationslogistik-Systemarchitekturen, in: Töpfer, Jochen; Winter, Robert (Hrsg.): Active Enterprise Intelligence: Unternehmensweite Informationslogistik als Basis einer wertorientierten Unternehmenssteuerung, Berlin et. al.: Springer, 2008, S.129-156.

Lamberti, Hermann-Josef [Deutsche Bank, 2008]: SOA in der Deutschen Bank: Herausforderung und Chance, in: *Zeitschrift für das gesamte Kreditwesen: Ausgabe Technik – IT für Finanzdienstleister*, 2008, 5. Jg., Heft 1, S.22-24.

Lenhardt, Marco; Gudjons, Thorsten und Stork, Peter [Banksteuerung, 2006]: Banksteuerung und Transaktionsgeschäft – Erfolgsfaktor IT-Architektur, in: *die bank – Zeitschrift für Bankpolitik und Praxis*, 2006, Nr. 8, S.70-75.

Lochmaier, Lothar [Echtzeitanalyse, 2008]: Echtzeitanalyse - Geschwindigkeit ist nicht alles, in: *die bank – Zeitschrift für Bankpolitik und Praxis*, 2008, Nr. 6, S.66-70.

Mai, Holger [GPM, 2006]: Geschäftsprozessmanagement im Back-Office – rationeller, effizienter, kostengünstiger, in: *Zeitschrift für das gesamte Kreditwesen: Ausgabe Technik – IT für Finanzdienstleister*, 2006, 3. Jg., Heft 4, S.22-23.

Mang, Frank [Softwareentwicklungen, 2007]: Softwareentwicklungen in Banken – Die Industrialisierung schreitet voran, in: die *bank – Zeitschrift für Bankpolitik und Praxis*, 2007, Sonderausgabe E.B.I.F.-Special, S.55-58.

Mayer zu Selhausen, Hermann [Bank, 2000]: Bank-Informationssysteme: Eine Bankbetriebswirtschaftlehre mit IT-Schwerpunkt, Stuttgart: Schäffer-Poeschel, 2000.

Mehlau, Jens Ingo [IT-Architekturen, 2003]: IT-Architekturen von Finanzdienstleistern, in: Bartmann, Dieter (Hrsg.): Bankinformatik 2004 – Strategien, Konzepte und Technologien für das Retail-Banking, 5.Aufl., Wiesbaden: Gabler, 2003, S.203-220.

Michel, Hans-Joachim [Kreditgeschäft, 2006]: Kreditgeschäft - heute und in Zukunft: Anforderungen einer Bank an die Automatisierung der Kreditprozesse, in: *Zeitschrift für das gesamte Kreditwesen: Ausgabe Technik – IT für Finanzdienstleister*, 2006, 3. Jg., Heft 4, S.13-15.

Moormann, Jürgen; Schmidt, Günter [Finanzbranche, 2007]: IT in der Finanzbranche: Management und Methoden, Berlin et. al.: Springer, 2007.

Nguyen, Tristan [Fragen, 2009]: Offene Fragen zur Bilanzierung von Finanzinstrumenten nach BilMoG, in: *Zeitschrift für das gesamte Kreditwesen*, 2009, 62. Jg., Heft 5, S.230-235.

Nitschke, Axel; Brockmann, Heiner [Auswirkungen, 2004]: Auswirkungen auf den Mittelstandssektor, in: Übelhör, Matthias; Warns, Christian (Hrsg.) [Basel II, 2008]: Auswirkungen auf die Finanzierung – Unternehmen und Banken im Strukturwandel, Heidenau: PD-Verlag, 2004, S.45-74.

Nonnast, Thomas [Neue IT, 2005]: Neue IT kostet Banken 50 Milliarden Euro, in: Handelsblatt vom 05.09.2005, Nr. 171, S.1 und S.23.

o. V. [Bundesbank, 2009]: Bundesbank macht sich für Basel-II-Regeln stark, in: *Handelsblatt* vom 12.02.2009, Nr. 030, S.22.

o. V. [Krisen, 2007]: Finanzmärkte - Experten ziehen erste Lehren aus den globalen Verwerfungen – Basel II schützt nicht vor Krisen, in: *Handelsblatt* vom 12.09.2007, Nr. 176, S.31.

o. V. [Herabstufungen, 2004]: Banken drohen wegen Basel II Herabstufungen, in: *Handelsblatt* vom 22.10.2004, Nr. 206, S.26.

Oehler, Karsten [Corporate, 2006]: Corporate Performance Management mit Business Intelligence Werkzeugen, München et al.: Hanser, 2006.

Pfreundschuh, Bernd [Prozesssteuerung, 2009]: Bedeutung der Prozesssteuerung im Rahmen einer gesamtheitlichen Banksteuerung, in: Riekeberg, Marcus; Utz, Erich R. (Hrsg.): Strategische Gesamtbanksteuerung, Stuttgart: Deutscher Sparkassen Verlag, 2009, S.168-184.

Picot, Arnold; Reichwald, Ralf und Wigand, Rolf T. [Unternehmung, 2003]: Die grenzenlose Unternehmung - Information, Organisation und Management, 5.Aufl., Wiesbaden: Gabler, 2003.

Picot, Arnold; Theurl, Theresia; Dammer, Arne et. al. [Transparenz, 2007]: Transparenz in Kreditmärkten – Auskunfteien und Datenschutz vor dem Hintergrund asymmetrischer Information, Frankfurt: Messedruck Leipzig, 2007.

Profumo, Alessandro [Subprime-Krise, 2008]: Wege aus der Subprime-Krise, in: *die bank – Zeitschrift für Bankpolitik und Praxis*, 2008, Nr. 9, S.8-10.

Propach, Jürgen; Reuse, Svend [Data Warehouses, 2003]: Data Warehouses in der Gesamtbanksteuerung, in: *Controlling*, 2003, 15. Jg., Heft 6, S.323-330.

PWC [Wertbeitrag, 2009]: Wertbeitrag der IT in Banken, in: *Zeitschrift für das gesamte Kreditwesen: Ausgabe Technik – IT für Finanzdienstleister*, 2009, 6. Jg., Heft 1, S.5.

Remsperger, Hermann [Grundsatzfragen, 2008]: Grundsatzfragen der Stabilisierung des Finanzsystems, in: Deutsche Bundesbank; http://www.bundesbank.de/download/presse/reden/2008/20080917.remsperger.finanzsystem.pdf (2009-07-09, 17:05 MEZ)

Riekeberg, Marcus; Utz, Erich R. (Hrsg.) [Strategische, 2009]: Strategische Gesamtbanksteuerung, Stuttgart: Deutscher Sparkassen Verlag, 2009.

Rothe, Alexander [Wiederverwendung, 2003]: Systematische Wiederverwendung von Softwarekomponenten bei Finanzdienstleistern, zugel. Diss. an der Fakultät Wirtschafts- und Sozialwissenschaften der Universität Stuttgart, http://elib.uni-stuttgart.de/opus/volltexte/2004/1657/pdf/Rothe.pdf (2009-07-13, 12:35 MEZ)

Schäfer, Dorothea [Agenda, 2008]: Agenda für eine neue Finanzmarktarchitektur, in: *DIW-Deutsches Institut für Wirtschaftsforschung - Wochenbericht*, 2008, 75. Jg., Nr. 51-52, S.808-817..

Schmaltz, Moritz; Töpfer, Jochen [Nutzenpotenziale, 2008]: Nutzenpotenziale unternehmensweiter Informationslogistik, in: Töpfer, Jochen; Winter, Robert (Hrsg.): Active Enterprise Intelligence: Unternehmensweite Informationslogistik als Basis einer wertorientierten Unternehmenssteuerung, Berlin et. al.: Springer, 2008, S.157-178.

Schmidt, Volkmar [Analyse, 2008]: Betriebswirtschaftliche Analyse auf operationalen Daten, Wiesbaden: Gabler, 2008.

Schneck, Ottmar (Hrsg.) [Lexikon, 2007]: Lexikon der Betriebswirtschaft, 7., überarb. und erw. Aufl., München: Deutscher Taschenbuch Verlag, 2007.

Schrooten, Mechthild [Konsequenzen, 2008]: Internationale Finanzkrise – Konsequenzen für das deutsche Finanzsystem, in: *Wirtschaftsdienst – Zeitschrift für Wirtschaftspolitik*, 2008, 88. Jg., Heft 8, S.508-513.

Schrooten, Mechthild [Verantwortung, 2008]: Finanzkrise: „Verantwortung und Haftung gehören zusammen", in: *DIW-Deutsches Institut für Wirtschaftsforschung - Wochenbericht*, 2008, 75. Jg., Nr. 18, S.224.

Schrooten, Mechthild [Bankensektor, 2008]: Internationale Finanzkrise erhöht den Reformdruck im Bankensektor, in: *DIW-Deutsches Institut für Wirtschaftsforschung - Wochenbericht*, 2008, 75. Jg., Nr. 08, S.77-82.

Stahl, Ernst; Wimmer, Andreas [Informationsverarbeitung, 2003]: Informationsverarbeitung in Banken – Innovative Technologien und Konzepte, in: Bartmann, Dieter (Hrsg.): Bankinformatik 2004 – Strategien, Konzepte und Technologien für das Retail-Banking, 5.Aufl., Wiesbaden: Gabler, 2003, S.173-182.

Stahlknecht, Peter; Hasenkamp, Ulrich [Einführung, 2005]: Einführung in die Wirtschaftsinformatik, 11., vollst. überarb. Aufl., Berlin et. al.: Springer, 2005.

Theile, Carsten [Krise der Rechnungslegung, 2009]: Krise in der Rechnungslegung: Fair Value oder Renaissance des Anschaffungskostenmodells – Wie aus der Finanzmarktkrise (auch) eine Krise der Rechnungslegung wurde, in: *NWB Rechnungswesen – BBK*, 2009, Nr. 1, S.21-24.

Töpfer, Jochen [AEI, 2008]: Active Enterprise Intelligence, in: Töpfer, Jochen; Winter, Robert (Hrsg.): Active Enterprise Intelligence: Unternehmensweite Informationslogistik als Basis einer wertorientierten Unternehmenssteuerung, Berlin et. al.: Springer, 2008, S.1-27.

Töpfer, Jochen; Winter, Robert (Hrsg.) [Active, 2008]: Active Enterprise Intelligence: Unternehmensweite Informationslogistik als Basis einer wertorientierten Unternehmenssteuerung, Berlin et. al.: Springer, 2008.

Übelhör, Matthias; Warns, Christian (Hrsg.) [Basel II, 2008]: Basel II - Auswirkungen auf die Finanzierung – Unternehmen und Banken im Strukturwandel, Heidenau: PD-Verlag, 2004.

Übelhör, Matthias; Warns, Christian [Grundlagen, 2004]: Grundlagen der neuen Eigenkapitalvereinbarung, in: Übelhör, Matthias; Warns, Christian (Hrsg.) [Basel II, 2008]: Auswirkungen auf die Finanzierung – Unternehmen und Banken im Strukturwandel, Heidenau: PD-Verlag, 2004, S.13-41.

Vaubel, Roland [Internationale, 2009]: Absprachen über die Regulierung der Banken?, in: *WiSt – Zeitschrift für Ausbildung und Hochschulkontakt*, 2009, 38. Jg., Heft 2, S.61.

Vetter, Daniela; Hilgert, Matthias und Moormann, Jürgen [Komplexitätsreduktion, 2008]: Business Rules im Prozessmanagement – Die Komplexität reduzieren, in: *die bank – Zeitschrift für Bankpolitik und Praxis*, E.B.I.F.-Special, 2008, Nr. 5, S.30-37.

Wagenhofer, Alfred [Internationale RL, 2009]: Internationale Rechnungslegungsstandards – IAS/IFRS: Grundlagen und Grundsätze; Bilanzierung, Bewertung und Angaben; Umstellung und Analyse, 6., akt. und erw. Aufl., München: FinanzBuch, 2009.

Wagenhofer, Alfred [Internationale RL, 2005]: Internationale Rechnungslegungsstandards – IAS/IFRS – Grundkonzepte, Bilanzierung, Bewertung, Angaben, Umstellung und Analyse, 5. überarb. und erw. Aufl., Frankfurt: Redline Wirtschaft, 2005.

Wagenhofer, Alfred; Ewert, Ralf [Interne, 2008]: Interne Unternehmensrechnung, 7. überarb. Aufl., Berlin et al.: Springer, 2008.

Wagenhofer, Alfred; Ewert, Ralf [Externe, 2007]: Externe Unternehmensrechnung, Zweite, überarb. und erw. Aufl., Berlin et al.: Springer, 2007.

Weiler, Thomas [ADW, 2008]: Active Data Warehousing, in: *Journal of Performance Management*, 2008, 2. Jg., Heft 1, S.26-28.

Wendels-Hartmann, Thomas [Bankenaufsicht, 2009]: Finanzmarktkrise und Bankenaufsicht, in: *WISU - Das Wirtschaftsstudium*, 2009, Nr. 4, S.541-547.

Winter, Robert; Schmaltz, Moritz; Dinter, Barbara et. al. [St. Galler, 2008]: Das St. Galler Konzept der Informationslogistik, in: Dinter, Barbara; Winter, Robert (Hrsg.) Integrierte Informationslogistik, Berlin et. al.: Springer, 2008, S.1-16.

Wittmann, Georg [Web 2.0, 2009]: Web 2.0 - Mehr Information als Interaktion umgesetzt, in: *Zeitschrift für das gesamte Kreditwesen: Ausgabe Technik – IT für Finanzdienstleister*, 2009, 6. Jg., Heft 1, S.28-30.

Wöbking, Friedrich; Kaske, Burghard-Ortwin [Strategisches, 2006]: Strategisches IT Management - Anforderungen an die IT, in: Karagiannis, Dimitris; Rieger, Bodo (Hrsg.): Herausforderungen in der Wirtschaftinformatik – Festschrift für Hermann Krallmann, Berlin et. al.: Springer, 2006, S.143-155.

Wöhe, Günter; Döring, Ulrich [Einführung, 2008]: Einführung in die Allgemeine Betriebswirtschaftslehre, 23. Auflage, München: Vahlen, 2008.

Zülch, Henning; Hoffmann, Sebastian [Modernisierung, 2009]: Die Modernisierung des deutschen Handelsbilanzrechts durch das BilMoG: Wesentliche Alt- und Neuregelungen im Überblick, in: *Der Betrieb – Wochenzeitschrift für Betriebswirtschaft, Steuerrecht, Wirtschaftsrecht, Arbeitsrecht*, 2009, 62. Jg., Nr. 15, S.745-752.

Quellenverzeichnis

Aktuelle Steuertexte mit Durchführungsverordnungen (2008), idF vom 01.Januar 2008, 40. Aufl., Beck`sche Textausgaben.

Deutsche Bundesbank [Bankenstatistik, 2009]: Bankenstatistik, in: Deutsche Bundesbank Eurosystem - Statistisches Beiheft zum Monatsbericht 1, Juni 2009.

Europäische Zentralbank [Ratingagenturen, 2009]: Ratingagenturen - Entwicklungen und politische Grundsatzfragen, in: Monatsbericht des EZB vom 05.2009, S.115-126.

Handelsgesetzbuch (2007), idF vom 05. März 2007, 45. Aufl., Beck-Texte im dtv.

International Financial Reporting Standards (IFRS) 2008, idF vom 31.Januar 2008, 2. Aufl., Wiley Text.

Statistisches Bundesamt [BIP, 2008]: BIP, in: Statistisches Jahrbuch 2008 – Für die Bundesrepublik Deutschland, Wiesbaden: SFH Servicecenter Fachverlage, 2008.